他人には聞けない

夫が亡くなったときに読む本

最新版

豊田眞弓
Toyoda Mayumi

死亡届、葬儀、
相続・年金の届出、
その後の
生活設計まで

日本実業出版社

はじめに

悲しいことですが、夫との別れはいつか必ずやってきます。

長患いの末に、あるいは突然の事故や病気などで夫を失うことは、相当な精神的ショックをともなうことでもあります。

とはいえ、精神的ショックや混乱の中、悲しみにくれる妻には、現実を考える余力はないかもしれません。臨終の直後から、葬儀の準備をはじめ、さまざまな手続きなどが、怒涛のように押し寄せるからです。しかも、役所や税務署などに対する手続きのほとんどは期日が設定されているのです。

「ショックに打ちのめされないように、悲しみにふける間がないほど忙しくさせられているのではないか」

夫を亡くしたある方はそう強く感じたといいます。

本書では、臨終を迎える時点から、葬儀や法事、各種手続きについて、あるいは、相続やその後の生活設計など、残された家族が生活を立て直すまでのことを簡潔にまとめてあります。随所にファイナンシャルプランナーの視点を活かしたアドバイスなども織り込んだつもりです。

心身に余裕がないときにやってくる生涯初めての体験だからこそ、後悔することがないようにしたいものです。

本書は、２００５年に初版が発行されて以来、法律や税制、制度の変更などを織り込みながら版を重ね、長く読んでいただいた『夫が死んだときに読む本』（豊田眞弓・小川千尋・共著）の改訂版です。「家族（夫）を亡くす」という重大なリスクに備える、あるいは直面したときにどうしたらよいかのノウハウを整理した本です。今回の改訂にあたっては、書名を『夫が亡くなったときに読む本』と改めるとともに、改正相続法など最新の情報を盛り込みました。生活を立て直されるまでのよりどころとして、本書が少しでもお役に立てれば、幸いに存じます。

最後に、本書の発行にあたり、ご協力いただきました税理士・社会保険労務士の中島典子先生と、葬儀会社の株式会社フューネ代表取締役の三浦直樹様にこの場を借りてお礼申し上げます。

令和元年５月

豊田　眞弓

※本書に掲載している制度やデータは、平成31（２０１９）年３月末日現在のものです。実際にご利用される際はよくご確認ください。

第2章 夫を葬るさまざまな儀式のすすめ方

第3章 亡き夫に関係する届出と手続き

第4章 遺言の確認と遺産相続のすすめ方

第5章 その後の生活設計と資金確保を考える

カバーデザイン／三枝未央
カバーイラスト／サトー・ノリコ／WAHA
本文DTP／ダーツ

第1章

夫が亡くなると どんな手続き・届出が必要になるか

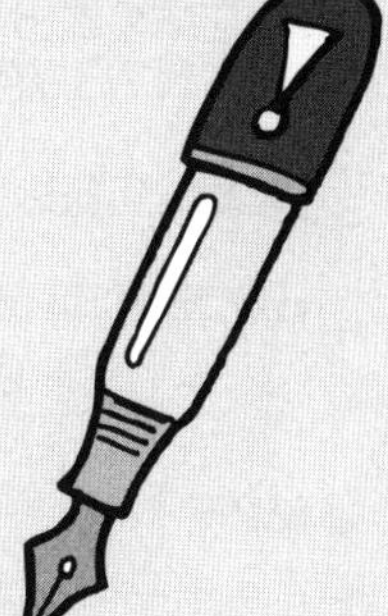

夫の死亡前後に行なうべき事柄

意識がある

- □（本人が望むなら）一般危急時遺言を行なう ➡13ページ

↓

危　篤

- □身内などに危篤の連絡をする ➡11ページ
- □当面の支払いなどお金についても準備しておく ➡12ページ

↓

臨　終

- □臨終の連絡を行なう（当日～） ➡17ページ
- □死亡診断書を受け取る ➡17ページ
- □葬儀社を決める（当日～翌日くらいまで） ➡18ページ
- □死亡届の提出（葬儀の前まで、死亡後7日以内） ➡19ページ
- □火葬許可証の受取り ➡20ページ
- □死亡通知・広告を行なう ➡22ページ

↓

通夜・葬儀

➡第2章

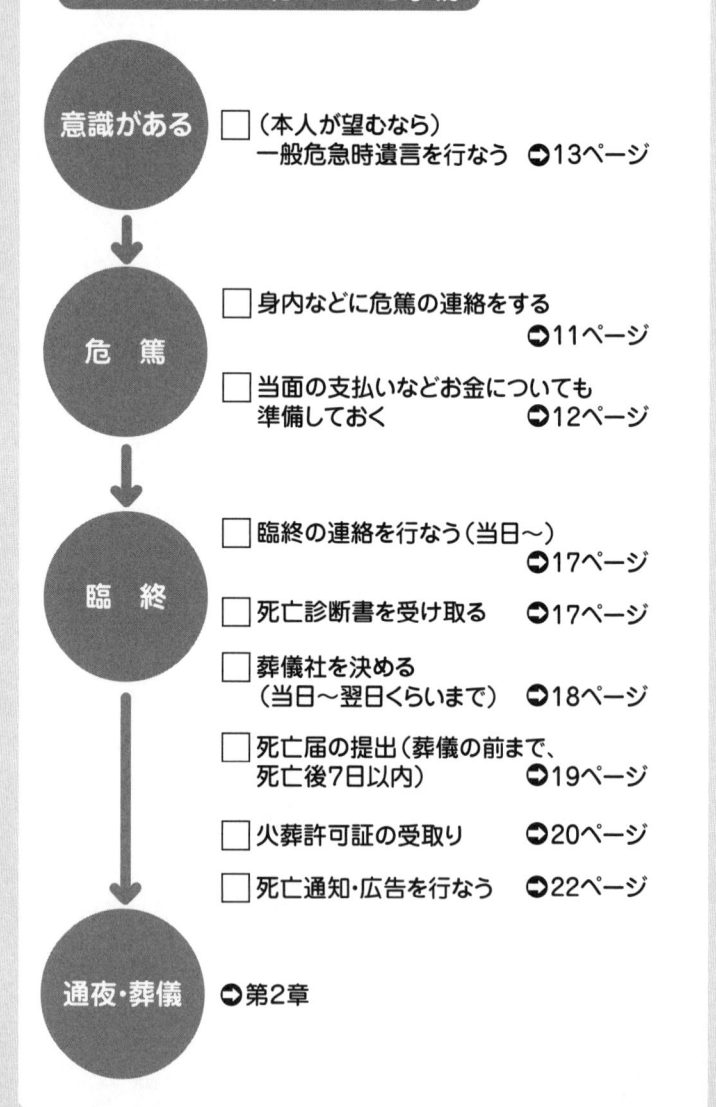

夫が危篤になったら…

長患いの末に、あるいは突然の病気やケガで夫が危篤になる…。気が動転して何も手につかないかもしれませんが、やるべきことは手を打っておきましょう。家族ができない場合は、周囲の人に手伝ってもらうといいでしょう。

■危篤の連絡は誰にするか？

患者である夫に死が近づくと、医師は家族に危篤を告げます。その場合、家族は夫が最期のお別れをしたいであろう人に連絡をします。**連絡する親戚の範囲は三親等以内**が目安です。三親等以内とは、父母、子、祖父母、孫、兄弟姉妹、曾祖父母、ひ孫、おじ、おば、おい、めいです。

また、本人ととくに親しかった友人にも連絡をしてあげましょう。本人の身になって、会いたがっているであろう人がいれば、優先させるといいでしょう。ただし、病院ですからあまりたくさんの人数にならないよう注意します。

連絡は家族を優先し、次に親戚、それから友人という順番で行ないます。あまり遠方の人に連絡してしても負担をかけてしまうことにもなるので、どうしても臨終の間際に会わせるべきかどうか考えて連絡をしましょう。留学中や海外赴任中などですぐには帰国できない人には、連絡だけしておいてもいいでしょう。

危篤を知らせる手段としては、電話が一番早いでしょう。不在の場合は、留守番電話やファックスがあればそれを利用します。何日の何時にメッセージを送ったかについてもメッセージに加えておきましょう。電報（↓23ページ）を打つのも一つの方法です。

電話で知らせる場合、あいさつなどは簡単にすませ、夫の死期が近づいていることを告げ、病院などの場所を伝えます。深夜や明け方など、連絡をするのがはばかられる時間帯であっても、必要な連絡であればやむをえません。ただし、「こんな時間に申し訳ございません」と一言加えることを忘れないようにしましょう。

■夫の銀行口座は使えるか？

夫が亡くなると、遺産分割協議がまとまるまでの間、原則として遺産は相続人全員の共有となります。そのため、妻であっても単独では手をつけられません。金融機関は本人の死亡を知ると、**保全のために預貯金口座を凍結してしまう**のです。

そのため、夫の口座に生活費などが入っている場合は、妻は夫が亡くなる前に、当座の生活費や病院に支払う医療費、亡くなったあとの葬儀費用など、最低限かかるであろうお金を引き出しておくことも必要となります。銀行の預金口座が凍結されて、病院の支払いができなかったという話もよく聞きます。

ちなみに、葬儀費用などでどうしても夫の死亡後にお金が必要な場合は、相続人全員の同意書などを提出すれば、凍結後の口座からでも引き出すことができます（金融機関によって対応が異なるので確認してください）。これら書類の一部は、各金融機関に用意されている場合もあります。

なお、相続法の改正により、2019年7月1日以降は、遺産分割協議が整う前でも、預貯金の一部を引き出せるようになります。金額としては、法定相続分の3分の1まで（最高150万円まで）です。また、家庭裁判所で遺産分割の裁判や調停中であっても、他の相続人の利益を害しない限り、家庭裁判所の判断で仮払いが認められることになります。

■死を目前にして遺言することはできる？

意識が混濁している状態では難しいですが、意識がはっきりしていて、遺言の意思があるけれど自分では普通方式で遺言ができない場合、「**一般危急時遺言**（**臨終遺言**）」が許されています。

遺言者が病気などで死亡の危急に迫っている場合、遺産相続に関係のない証人3人以上の立会いのもと、遺言者の口述を証人の1人が筆記します。それを遺言者とほかの証人に読み聞かせ、または閲覧して内容を確認し、日付を入れて署名・押印、封印します。その後、遺言の日から20日以内に、家庭裁判所に遺言を確認するための審判の申し立てをします。申し立てをしなければ、その効力は生まれません。夫が亡くなったときには、家庭裁判所の検認（↓147ページ）も必要です。

もし、夫が自筆証書遺言などを作成していたのであれば、また、意識がはっきりしていて、なおかつ本人にその意思があるならその保管場所なども聞いておきましょう。

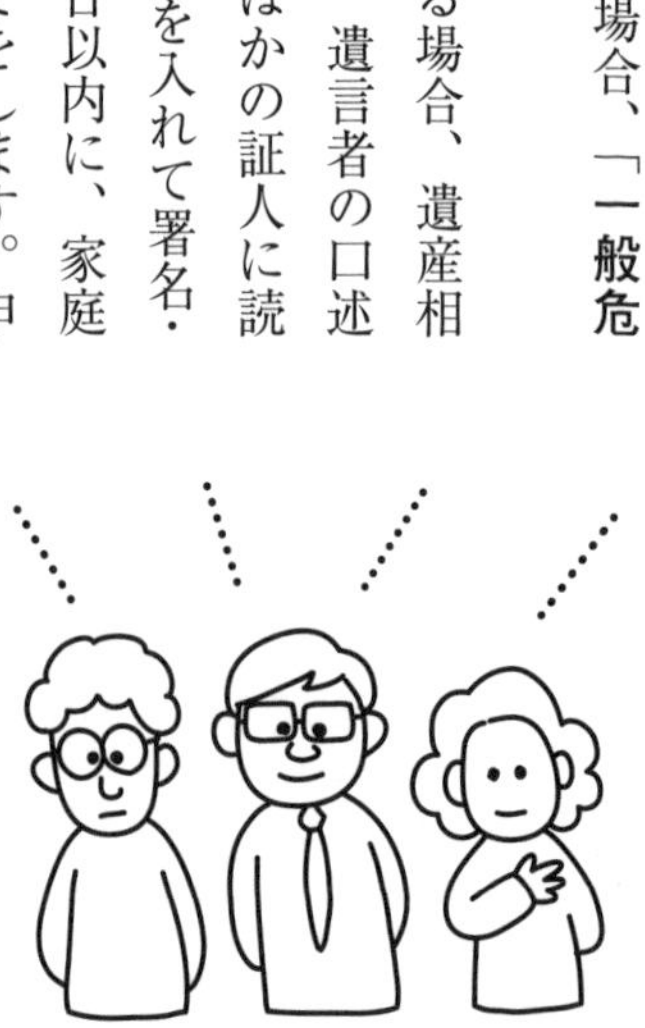

■夫が「尊厳死」を希望していたら？

病気が治らないことが明らかな場合、延命治療を受けるより、人間らしく自然な死を迎えたいと希望する人も増えています。たくさんの管や機械によってただ生かされるよりも、人間としての尊厳を保ったまま死を迎えたいという「尊厳死」を希望する場合、その意思を表明し、あらかじめ周囲の同意を得ておくといいでしょう。

方法としては、書面にその意思を書いておくとともに、家族にも伝えておきましょう。一般財団法人日本尊厳死協会では会員向けの「リビング・ウィル（終末期医療における事前指示書）」を用意しています。これに署名して医師に提示してあれば、夫にもしものことがあったときに、本人の意にそぐわない延命治療を避け、尊厳死の意思を尊重してもらうことができます。

【一般財団法人日本尊厳死協会のホームページ】http://www.songenshi-kyokai.com/

臨終を迎えたら…

■臨終を迎えたときにやるべきこととは？

病院に入院中に心臓が止まり呼吸が停止すると、医師は「臨終」を宣告します。悲しみにくれる間もなく、葬いの準備も含め、次のような流れで処理すべきことが待ちかまえています。なお、病院では、②は看護師さんがやってくれることが多いようです。

①末期《まつご》の水（↓34ページ）

②湯灌《ゆかん》（↓35ページ）・着替え

③遺体の搬送

④病院の入院費や治療費の精算

老衰などで自宅で亡くなったときは、主治医に連絡をとり、死亡を確認してもらいます。自宅では、①末期の水、②湯灌・着替えなどは、家族で行なうか、あるいは葬儀社のサービスを受ける方法もあります。

なお、医師の死亡確認後に「**死亡診断書**」を受け取ったら、必ず故人の氏名、生年月日を確認します。万一、医師が間違えて記載した場合は再発行が必要です。担当の医師が休暇などでつかまらない場合は、火葬ができないリスクもあります。保険金請求時に必要となる場合もありますので、その分も作成してもらっておくといいでしょう（ただし、保険会社によってはコピーでもOKというケースもあります）。

■遺体の搬送はどうする？

病院で亡くなった場合、遺体は一度、霊安室に運ばれ、その後、通夜が行なわれる自宅または斎場へ搬送されます。遺体を乗せる車を寝台車といい、バンタイプの車を主に使います。霊柩車で搬送することもあります。**寝台車なども手配は葬儀社が行ないます**。ちなみに、自家用車を利用して遺族が直接搬送するこどもできますが、必ず死亡診断書を携行するよう義務づけられています。タクシーでの搬送は法律によって禁じられています。

■臨終の連絡（死亡通知）は？

臨終を迎えたら、危篤を知らせたけれど間に合わなかった人などに電話をします。妻本人や家族は気が動転しているでしょうから、連絡先をメモして親戚の人などに頼むのも手です。また、危篤を知らせていなかった親戚や、勤務先などにも連絡します。勤務先へ知らせる場合は、直属の上司に知らせるのが一般的です。通夜や葬儀の日程が決まってから死亡通知を出すこともあります。死亡通知について詳しくは22ページを参照してください。

菩提寺がある場合は、僧侶に連絡を入れて取りあえずの都合を聞き、葬儀日程を決める上での参考にしてもいいでしょう。故人の宗教によっては教会等にも連絡をしましょう。

◆宗教別の連絡先

宗教	連絡先
仏教	菩提寺（檀那寺）の僧侶
神道	信仰する氏神様の神官
キリスト教	牧師（神父）

※神父は「カトリック」、牧師は「プロテスタント」

■葬儀社を決める

互助会に入っていたり、生前に葬儀社やプランを決めていたりした場合には、そちらを利用するといいでしょう。病院で亡くなった場合、病院が提携している葬儀社が遺体の搬送などを行なってくれます。葬儀についてもそのまま依頼することも可能ですが、他社と内容・料金などの比較をして選ぶこともできます。

混乱とあわただしさの中、ついつい比較もせずにお願いしてしまう人も多いのですが、そこはやはり冷静に見積りをとって比較して決めましょう。

死亡届の提出のしかた

■死亡届の提出はいつ・どこへ？

人が死亡したとき、家族・親戚などは**死亡の事実を知ったときから7日以内**に、「死亡届」を原則、死亡地の市区町村役場の担当部署へ提出しなければなりません。

死亡届には、**「死亡診断書」または「死体検案書」**を添付します。

病気や老衰などで亡くなったときは、担当医またはかかりつけの医師に診断してもらい、死亡診断書を作成してもらいます（病院により異なりますが、費用は５０００円～１万円程度です）。

事故死や変死の場合は、警察に届け出る必要があり、検死が行なわれます。検死にあたった監察医により、死亡診断書

◆死亡届の手続き概要

届出の期間	死亡の事実を知った日から7日以内（国外で死亡したときは3か月以内）
届出人	親族、同居人、家主、地主、家屋管理人・土地管理人、後見人、保佐人、補助人、任意後見人
届出の場所	死亡したところ、死亡者の本籍地または届出人の住民登録地のいずれかの市区町村役場
添付書類	死亡診断書・死体検案書（1通）

※届書用紙（死亡診断書・死体検案書と一体）は役所で入手できます

の代わりに死体検案書が作成されます。検案状況等によって異なりますが、検案費用と検案書作成で2万〜10万円程度かかります）。検死を受けなければならないのに、受けずに埋葬等をすると罰せられます。

死亡届と同時に、「火葬許可申請」の手続きも行ない、「火葬許可証」を発行してもらいます。火葬許可証の交付を受ける際、火葬場の名称・所在地を許可証に記入する必要がありますので、あらかじめメモして行きましょう。死亡届を提出しなければ火葬許可証は発行されませんので、死亡届はできるだけ早めに提出しましょう。なお、通常、火葬許可申請の手続きは、葬儀業者が代行してくれます。

ちなみに、死亡届は、土・日曜・祝日でも、執務時間以外でも、原則、24時間いつでも受け付けてもらえます（守衛さんが受け付けます）。死亡届の提出場所も、死亡地の役場に限らず、亡くなった人の本籍地や届出人の住所地、あるいは亡くなった場所の役場でもかまいません。

■火葬・埋葬許可証はなぜ必要？

火葬や埋葬は、死亡後24時間以内にしてはならず、また市町村長の許可を得なければなりません。火葬の際には、火葬許可証を提出して火葬にしてもらうと、火葬場の管理者が許可証に火葬済の署名押印をしてくれます。この許可証がなければ、墓地や納骨堂でも納骨を受け付けてくれません。そのため、お葬式の前に、死亡届を提出し火葬許可証を取っておく必要があるのです。

火葬のときに火葬許可証を火葬場に渡します。火葬を終えると火葬場はそれに日時などを記入して返却してくれます。これが「埋葬許可証」となって、墓地に埋葬するときの必要書類になるので、**絶対になくさないように注意しましょう。**

通夜・葬儀の日程が決まったらやること

■死亡通知はどうする?

最近は、故人の死亡から葬儀までの時間が短くなっているので、死亡を書面で知らせる「死亡通知状」を出すことは少なくなりました。ただ、故人が名士であったりして、葬儀までの日数が長く、大勢の人に連絡が必要なときは、死亡通知状を発送することがあります。葬儀社や印刷所に依頼すれば、数時間内に作成してもらうこともできます。

臨終直後にも一部の人には連絡をしますが(↓17ページ)、家族の友人や知人、勤務先には、二度手間を避けるために**通夜・葬儀の日程が決まってから連絡**をします。遠方に住む故人の恩師や友人などにも日取りが決まった段階で知らせます。ただし、自宅葬儀のときには、近隣の人にお世話になることが多いので、近隣の人にはとくに早めに連絡しましょう。

勤務先、取引先、学校関係、町内会などへの連絡は、キーパーソンに連絡して、さらに

◆連絡のポイント

- 故人の氏名
- 死亡の日時
- 死亡の原因
- 享年
- 通夜・葬儀の日時と場所
- 喪主の氏名
- その他

◆緊急定文電報（NTT、20文字まで）

区分	番号	定文
危篤の通知	910	危篤。
	911	危篤、至急電話されたし。
	912	危篤、至急連絡されたし。
	913	危篤、至急来られたし。
死亡の通知	900	死す。
	901	死す、至急電話されたし。
	902	死す、至急連絡されたし。
	903	死す、至急来られたし。

ほかの人へ連絡してもらう方法をとると効率的です。勤務先への連絡は、直属の上司か総務部へ、学校関係なら事務室にします。

死亡通知は電話でするのが普通です。通夜・葬儀の場所を含め**正確に内容を伝えるには、ファックスやSNSを利用するとよい**でしょう。また、危篤の連絡時と同じように、緊急定文電報を使うこともできます。上に例文がありますが、20文字まで実際はすべてカタカナです。

連絡の際に、突然の非礼を詫びたあと、死亡の時間や通夜・葬儀の場所などを伝えましょう。連絡すべき遺族の方が、気が動転しているときは、ほかの身内が代行してあげましょう。

日を改めて本葬を行なう場合など、なかには、死亡通知状、死亡広告等を出すこともあります。通知状には故人名、葬儀の日時と場所、喪主名、宗派などを明記します。そのほかにも香典や供花を辞退する場合には、その旨を明記するようにします。

■死亡広告を行なうときは？

故人が知名度が高く、交際が広範囲に及び、連絡先が非常に多いときには、新聞に死亡広告を出す方法もあります。地域によっては一般の方であっても死亡広告を出す習慣がある地域もあるようです。

直接、新聞社や広告代理店に申し込んでもいいですし、葬儀社に頼めば手配をしてもらえます。内容は、死亡の通知とともに葬儀・告別式の日時や方式を記します。用意されている文例を利用することもできます。

死亡広告は遅くても葬儀の朝までに掲載しなければなりませんから、全国紙の全国版なら前日の午後5時ごろまで、全国紙の地方版なら午後10時ごろまでに依頼する必要があります（実際の締切については新聞社でご確認ください）。

料金は、サイズのほか、地域や新聞社にもよりますが、たとえば5㎝×2段で全国紙であれば55万～180万円前後、地方紙でも15万～70万円前後です。

臓器提供や献体登録をしていた場合は？

亡くなった夫が、臓器提供希望者であったり、献体登録をしている場合もあるでしょう。脳死や心臓死になったときに特定の臓器を提供したい希望者は、「**臓器提供意思表示カード**」を持っているはずです。※カードには、提供できる臓器についても意思表示がなされています。アイバンクや腎臓バンクに登録している人もいるでしょう。

脳死での臓器提供は、本人の意思だけでなく家族の同意も必要です。遺族としては複雑かもしれませんが、できるだけ故人の意思を尊重してあげましょう。

一方、自分の死後、身体を医学の研究に役立ててほしいと考える人もいます。献体の場合も、生前に本人がその意思を表明していないとできません（近くの医科大学などに申し込みます）。また、家族の同意も必要です。献体をする場合、葬儀・告別式をすませたあと、死後48時間以内を目安に大学などに運ばれます。遺体（遺骨）が遺族に返されるまでには、通常1～3年はかかるようです。

※日本臓器移植ネットワークのサイトでの登録のほか、健康保険証、運転免許証、マイナンバーカードなどに提供する意思が記入されていることもあります。

海外で亡くなったら…

■国内に連れ帰る手続きは？

もしも夫が、旅行や仕事で海外に行っている最中に亡くなった場合は、国によって手続きなどが異なりますので、それぞれの国の大使館に連絡して確認しましょう。

最大の問題は、どうやって夫を国内に連れ帰るかですが、現地で荼毘《だび》に付し、遺骨で持ち帰るのであればあまり問題はありません。遺骨は手荷物扱いになるので、経費も手続きもさほどかかりません。

大使館に提出する書類は、「故人のパスポート」のほか、「死亡届」か「死亡届受理証明書」、「火葬許可証」などですが、国によって異なる場合があるので必ず確認しましょう。**現地の死亡診断書か火葬許可証を必ずもらっておきます。**これがないと、日本に戻ってから、現地へ死亡確認をしなければなりません。

事故や事件などに巻き込まれて亡くなった場合は、現地の制度に従います。

どうしても「遺体のまま日本に連れて帰りたい」場合は、国によっても違いますが、防腐処理（エンバーミング）かドライアイス処理を義務づけています。こちらも国によって必要な書類や手続きが変わるので、事前に大使館へ確認しましょう。日本の空港についてから、遺体を自宅まで運ぶ車は寝台車か霊柩車です。タクシーや自家用車の使用は禁じられています。

◆主な国の大使館の連絡先

国名	代表番号
アメリカ合衆国	03-3224-5000
イギリス	03-5211-1100
イタリア	03-3453-5291
オーストラリア	03-5232-4111
カナダ	03-5412-6200
シンガポール	03-3586-9111
スペイン	03-3583-8531
タイ	03-5789-2433
ドイツ	03-5791-7700
ニュージーランド	03-3467-2271
フィリピン	03-5562-1600
フランス	03-5798-6000
マレーシア	03-3476-3840
ロシア連邦	03-3583-4224
中華人民共和国	03-3403-3388
大韓民国	03-3452-7611

■エンバーミングとは？

エンバーミングは、遺体を生前と同じような状態に〝お化粧する〟ことをいいます。専門の技術者により、消毒や感染予防処理、防腐処理、修復処理のほか、化粧や着替えをします。費用は日本の場合で15万〜25万円程度。遺体が腐敗したり硬直したりせずにすむため、日本でも行なう例も出てきました。遺族の気持ちを和らげる効果があるようです。

旅先や単身赴任先で亡くなった場合

　自宅から遠く離れた旅先や単身赴任先で亡くなった場合は、バンタイプの寝台車や霊柩車で遺体を運ぶか、あるいは現地で密葬（↓64ページ）を行なうか、どちらかになります。場所にもよりますが、遺体を家族の元に運んで葬儀を行なうには、遺体搬送の費用がかさむこともあり（一例ですが、東京と大阪間で20万円前後です）、現地で密葬を行なうことが多いようです。

　亡くなった先で、現地の葬儀社に依頼して、仮通夜や密葬をしてから火葬し、遺骨を持ち帰ります。遺族の住まいの近くで本葬を行なう際は、改めて、近くの葬儀社に依頼します。

他殺や自殺、事故死、変死だった場合

もしも亡くなった原因が、他殺や自殺、事故死、変死だった場合は、警察の許可がおりるまでは、遺体を移動することも、火葬することも禁じられています。司法解剖して死因を調べ、監察医によって死体検案書に記入されます。救急車で運ばれて24時間以内に病院で亡くなった場合も検死が行なわれます。

まれに自宅や病院で亡くなったケースでも、医師が死因を確認できないときには、家族の同意がなくても行政解剖される場合もあります。行政解剖・司法解剖とも、家族が反対することはできません。

死体検案書はすぐには作成されないこともあります。ですので、他殺や自殺、事故死、変死だった場合は、検死にかかる時間・日数次第のため、葬儀はすぐにはできないことも多いようです。

経験者から一言…

病院や葬儀費用などの支払いに追われました

夫がくも膜下出血で倒れて緊急手術となり、10日後に亡くなりました。茫然自失という状態の中、考える間もなく親戚や夫の勤務先などへの連絡や、葬儀の準備に追われました。

そんなとき、数年前にご主人を亡くされた従姉に「支払いのための現金は大丈夫？」と聞かれてはっとしました。手元にあまり現金がなかったのです。

「病院や葬儀社などけっこう大きな支払いがあるわよ」

そう言われてあわてて銀行へ駆け込んだところ、夫の口座は凍結されておらず、ATMで引き出しました。引出しの上限が50万円だったので、ドキドキしながら2つの口座から50万円ずつ2日に分けて引き出し、病院や葬儀費用などの支払いに充てました。ボーナス後で、口座に普通預金があって助かりました。

私はパートに出ていて自分の口座に少しお金があったので自分自身の当面の生活費は大丈夫でしたが、専業主婦で自分のお金がなかったら相続が終わるまで生活費はどうしていただろうと思いました。

そうしたところ、2019年7月1日からは、遺産分割前でも預貯金の一定額*は引き出せるようになるという話も耳に入ってきました。あたふたしないで済むのはありがたいことですね。

（兵庫県/K・N/48歳）

*法定相続分の3分の1まで（最高150万円まで）

第2章

夫を葬る さまざまな儀式のすすめ方

通夜から納骨までの日程例

1日目		2日目	
午前	午後	午前	午後
死亡 → 枕経 →	通夜 →	→	葬儀・告別式 火葬 精進落とし ＋ 初七日の法要
死亡 → 枕経 →	仮通夜 →	→	→
	死亡（3時以前）→ 枕経 → 通夜 →	→	葬儀・告別式 火葬 精進落とし ＋ 初七日の法要
	死亡（3時以後）→ 枕経 → 仮通夜 →	→	→

四十九日または一周忌の法要時	3日目		
	午後	午前	
納骨	初七日の法要 ＋ 葬儀・告別式 火葬 精進落とし	←	通夜 ←
	初七日の法要 ＋ 葬儀・告別式 火葬 精進落とし	←	通夜 ←

※通夜、葬儀・告別式、火葬、精進落としの日程は死亡原因、日柄（友引は避ける）、火葬場の予約状況などによってずれることがある。

※初七日の法要は死後7日目に行なうのが正式だが、最近では、葬儀・告別式、火葬、精進落としの当日に行なうことが多くなっている。

通夜に至るまでに行なう儀式を押さえておこう

夫の死亡後は、夫（故人）を葬るためのさまざまな儀式を滞りなく粛々と進めなければならないので、遺族は悲しみに浸っている余裕はありません。逆に、遺族に悲しみに浸る余裕を与えないために、さまざまな儀式が用意されているのかもしれません。

弔事全般の儀式は、宗教や宗教の流派、地域の風習・慣習などによって異なりますが、ここでは、仏式を中心とした一般的な儀式についてご紹介します。

死亡直後の儀式のメインは通夜に続く葬儀・告別式ですが、通夜に至るまでに次のような儀式を執り行ないます。

■末期の水（死に水）を取る

死者の蘇りを願って死後の世界で飢えや乾きに苦しまないよう、故人の唇に水を含ませる儀式です。お盆に水を入れた茶碗と新しい筆（または、割り箸の先に脱脂綿を白い布でくるんで巻き付けたもの）を用意し、筆先（または、脱脂綿）に水を浸して、故人の唇をぬぐいます。順番は、配偶者（妻）、子供、両親、故人の兄弟姉妹、孫、配偶者（妻）の兄弟姉妹です。

■湯灌

正式にはぬるめのお湯に遺体を入れて洗い清めますが、現在では、遺体をアルコールを含ませた脱脂綿で拭き清めるのが一般的です。その後、体液がもれないようにするために口や鼻、耳、肛門に脱脂綿を詰めます。口や目が開いていたら閉じ、髪を整えてヒゲを剃り、爪が伸びていたら切り、衣服を着替えさせる（着物の場合は左前に着せる）など、死に化粧を含めた死後処置を施して遺体をきれいにします。そして、両手を胸の上で合掌させます。

最近では、病院で亡くなる方がほとんどのため、遺体の死後処理は看護師などの病院職員がしてくれるケースが多くなっています。病院によっては、湯灌を遺族の手で行なえる設備を整えているところもあるようです。

■遺体の受け入れ準備

病院で死後処置を施してもらっている間に、病院でお世話になった方たち（医師や看護師、付添婦など）へのお礼のあいさつ、遺体をいったん自宅に迎える（あるいは通夜、葬儀・告別式を自宅で行なう）場合はその準備、葬儀社の手配をします。これらの手配を妻一人でするのは精神的・時間的に大変ですから、自宅での遺体を迎える準備や葬儀社の手配は親族にお願いしましょう。遺体の搬送は葬儀社が行なってくれますので、葬儀社の手配が完了して病院に迎えに来てくれるまでの間、遺体は病院の霊安室に安置されます。搬送車に遺体を移動したら妻（妻の精神的ショックが大きくて無理なようなら身内の誰か）は遺体に付き添って自宅に帰ります。遺体が帰宅するまでの間に、自宅では次のような準備をします。

- 仏壇があるなら扉を閉めて忌明けまで（四十九日の法要が終わるまで）そのままにしておく。ただし、地域や宗派によっては開けておく場合もある（とくに、浄土真宗系では仏壇は基本的に開けた状態）。
- 神棚があるなら扉を閉めて白い紙を貼り付けて封じる。五十日祭が終了するまで封じておくのが一般的。
- 遺体を安置する部屋を片付け、布団を用意する。敷布団は故人が生前使用していたもので可。シーツは新しいものか清潔な白無地のもの、掛け布団は遺体が温まりにくいよう薄いものを用意する。布団は北に頭がくるように敷く。北に敷くことができない場合は西でもよい。遺体の顔を覆う白布も用意する。

枕飾りや死に装束、柩などの必要なものは葬儀社で用意してくれますし、遺体の安置も葬儀社でしてくれます。なお、掛け布団は天地を逆に掛ける風習のある地域もあります。

■枕飾り

枕飾り（香炉、御鈴《おりん》、燭台、ろうそく、線香など）は文字どおり、遺体の枕元に置く飾りですが、最近では、枕飾りをせずにすぐに納棺して祭壇に安置する場合や、病院から葬祭場に直接搬送する場合は枕飾りを省略する場合もあります。また、枕飾りの代わりに枕花を備えるケースも。枕飾りは葬儀社で用意してくれたものに加えて、故人が生前に用いていた湯飲み茶碗に水を入れたもの、茶碗にご飯を山盛りにして中央に箸を突き立てた一膳飯、上新粉で作った枕だんごを供えます。枕だんごの数は6個が一般的ですが、地域によっては7個、13個など数が異なることもあります。枕だんごは、以後、四十九日までの7日ごとの法要時に供える地域も。四十九日のお供えが終わって上新粉が残ったら、捨てるのがしきたりです。

◆宗教別の枕飾り

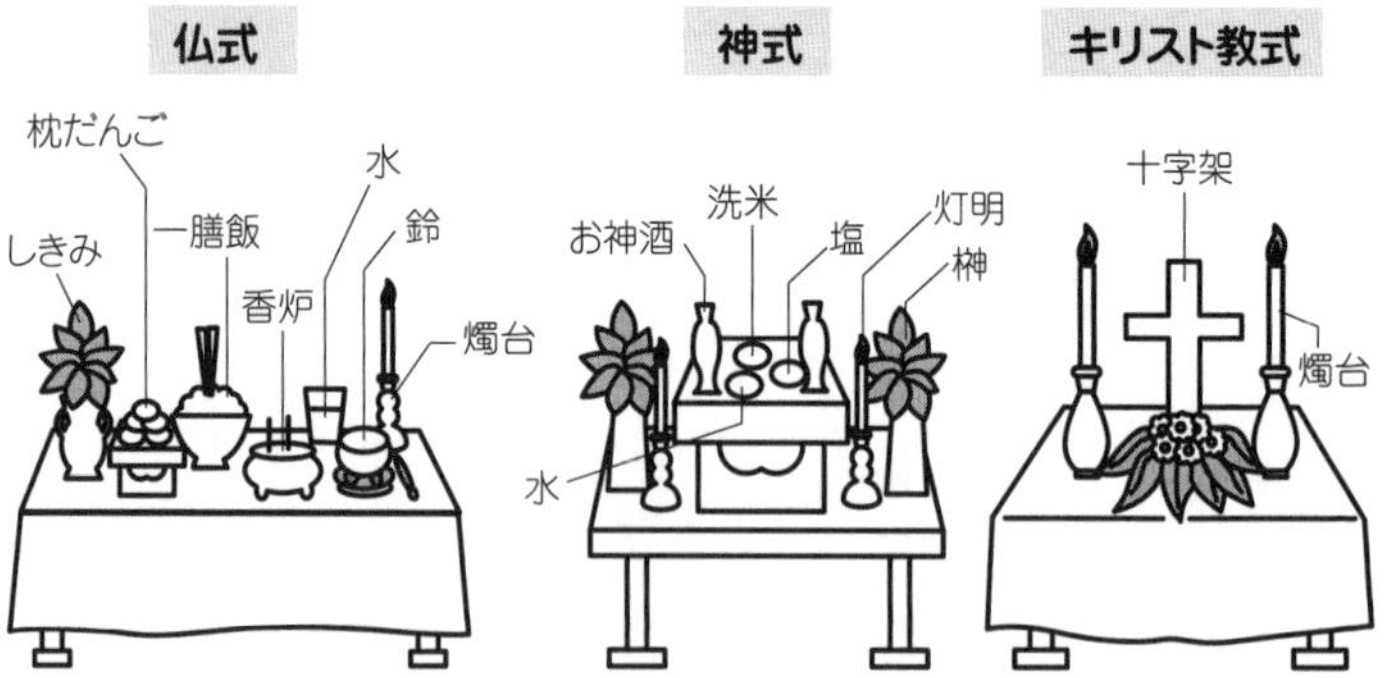

※故人の使っていた湯飲みに入れた水や鈴も一緒に飾る

※生ぐさ物を供えてもかまわない

※飾る物にとくにきまりはない

神式の枕飾りは、遺体の枕元に神式の儀式に使う台（これを「案《あん》」という）か白い布をかけた小机を置き、その上に玉串、供物を乗せた三方《さんぽう》を供えます。三方には、お神酒《みき》、米、塩、水、常饌《じょうせん》（故人の好物を生前愛用していた食器に盛って箸を供える。故人の好物なら魚や肉の生ぐさ物でも可）などを供えます。灯明《とうみょう》と榊《さかき》の枝を挿した花びんも用意します。

キリスト教式の枕飾りは、遺体の枕元に白い布をかけた小机を置き、その上に燭台、ろうそく、花、十字架、聖書などを飾るのが一般的です。故人が好きだった食べ物や花を飾ってもいいでしょう。

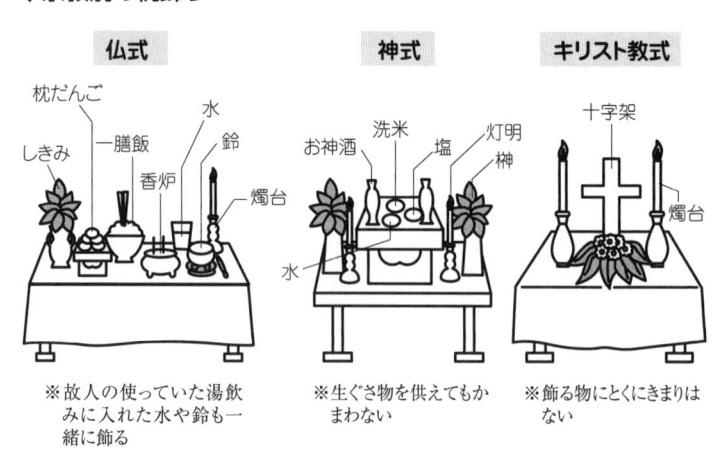

■枕勤め

枕勤めは故人を無事に仏の座に送り届けるための儀式です。親族に集まってもらい、僧侶に枕飾りの前で読経してもらいます。このときにあげるお経を枕経といいます。最近では、枕飾りそのものを省いたり、この時点では僧侶と連絡が取れていないことが多いため、通夜のときにあわせて行なうケースが増えています。

神式では「枕直しの儀」といい、神官を招いて遺族揃って式を行ないます。最近では簡略化され、遺族だけが拝礼する程度になっているようです。なお、キリスト教式にはとくに枕勤めの習慣はありません。

■納棺

納棺は死亡当日に行なうのが一般的ですが、死亡時間が夜遅い場合は翌日に行なうこともあります。遺体を自宅に一晩安置する場合は、遺体と過ごせる最後の夜になりますから、添い寝をしてあげるといいでしょう。納棺時には、遺族や親族など身内の人間全員で遺体が横たわっているシーツを持ち上げて柩に納めます。その後、身内の人間の手で死に装束を着せます。死に装束は故人が死者の世界にたどり着くまでの旅装束で、経帷子《きょうかたびら》、三角頭巾、編み笠、数珠、白い手甲・脚絆《きゃはん》・足袋、わらじ、杖、頭陀袋《ずだぶくろ》をセットしたもの。頭陀袋の中には、三途の川の渡し賃である六文銭を印刷した紙を入れる業者もあります。高額な渡し賃を持たせれば渡し舟でいい席が確保できるのか、はたまた、極楽へ連れて行ってもらえるのかどうかはわかりませんが、要は気持ちの問題です。死に装束は手甲・脚絆・足袋・わらじなどの小物は身につけさせますが、経帷子は遺体の上から着せかけることが多いようです。そして、柩には故人が生前に愛用していた物や好きだった食べ物を納めて供養にしますが、火葬時に燃え残る、あるいは爆発する可能性のあるライターや電池などは避けます。また、メガネや入れ歯、結婚指輪などは火葬場ではずすことになります。

納棺の儀式が終わると、通夜に間に合うように葬祭場に柩を運びます。このとき、部屋から搬送車まで身内の男性が柩を持って運びます。

神式の正式な納棺の儀は神官を招いて行ないますが、最近では遺族だけで行なうことが多いようです。納棺の儀が終わったら、出棺の日まで朝夕の2回、常饌を供えます。この儀式を「柩前日供《きゅうぜんにっく》の儀」といい、そのつど喪主と遺族で拝礼します。

キリスト教式の納棺は、カトリック・プロテスタントともに神父・牧師を招いて行ないますが、宗派によってやり方が異なりますので神父・牧師の指示に従ってください。

親身になってくれる良心的な葬儀社を選ぼう

■葬儀社にもいろいろある

通夜、葬儀・告別式では、現代においてはこれなくしては執り行なえないといえるくらい、葬儀社は必要不可欠な存在です。通夜、葬儀・告別式に参会者として列席することはあったとしても、喪家となって執り行なうことは一生のうちでも数えるほどしかありませんから慣れていないのは当たり前ですし、それに、遺族は悲嘆にくれていて何をどうしたらいいか冷静に考えて対処していくのは困難です。そんな遺族に代わって、限られた短い時間の中で通夜、葬儀・告別式をテキパキと準備・進行してくれるのが葬儀社です。それだけに、親身になって相談に乗ってくれ、地域の風習などにも精通している良心的な葬儀社を選びたいもの。もちろん、明朗会計であることも、葬儀社選びの大切な要素です。

通夜、葬儀・告別式を執り行なってくれる、いわゆる葬祭業者には、専門業者（葬儀社）、冠婚葬祭互助会、生協（生活協同組合）・ＪＡ（農業協同組合）の3種類あると考えていいでしょう。これらの葬祭業者では、宗教・宗派に関わりなく執り行なってくれるのが一般的です。

専門業者である葬儀社は、文字通り葬儀全般を専門に扱っている業者で、代々葬儀社を営んでいて地域に密着した小さな規模の業者から、全国に支店を配置している大規模な業者まで、実にさまざまな形態の業者が存在しています。

冠婚葬祭互助会は、事前に積み立てて冠婚葬祭にかかる費用を準備しておくというシステムのこと。生協は専門業者と提携し、組合員へのサービスの一つとして提供するシステムです。

ＪＡも組合員である農家に対してサービスを提供するのが基本ですが、農家以外の人にもサービスを提供しています。

これらの中から依頼する業者を選ぶわけですが、冠婚葬祭互助会や生協、ＪＡに加入しているならそのサービスを利用してもいいですし、親戚などの周囲の人からのアドバイスを受けて専門業者を選んでもいいでしょう。

■葬儀社に依頼するタイミング

葬儀社は、菩提寺や所属教会などと相談して日程や規模が決まってから連絡を取るのが一般的です。しかし、病院で亡くなった場合、遺体を搬送するには葬儀社に頼まなければならないため、亡くなった直後に依頼する必要があるケースも生じます。病院では遺体を搬送するための葬儀社を指定しているところもあります。その場合、指定業者に搬送だけを依頼してそのほかは別の業者に依頼する、あるいは指定業者にすべてを依頼してもいいでしょう。病院では葬儀社をとくに指定していない場合でも、出入りの葬儀社があるはずですから、病院で紹介してもらうのも一つの方法です。

■葬儀社の費用

葬儀社では、標準的な葬儀セットを用意していて、その葬儀セット一式でいくらという料金設定をしているところがほとんどです。葬儀セットの内容は業者によって異なりますが、仏式の場合はおおむね下表のような内容です。

これら必要な物のほかに、火葬料、祭壇の搬入・組み立て・解体・搬出、葬儀の立ち会い・進行・補佐などに関する費用もセット料金に含

◆葬儀セットの例

- 柩と柩を覆う金蘭
- 柩に入れる死に装束などの副葬品
- 死に化粧用具
- 受付設備（芳名帳や香典帳などの冊子類と筆記用具）
- 忌中札、道順などの表示紙
- 焼香用具一式
- 霊柩車
- 骨壷
- 祭壇と飾り付け葬具一式
- 祭室装飾用の鯨幕（白黒の幕）

まれています。

ほかに、遺体の搬送（病院から自宅まで、自宅から式場までなど）、式場、献花、供物・遺影写真・死亡通知や会葬礼状・通夜ぶるまいや精進落としの仕出し・香典返しなどの各種手配、駐車場の確保と火葬場への移動手段の手配、季節によってドライアイスの用意などもしてくれます。また、必要に応じてマイクロバスやハイヤー・僧侶・貸衣装の手配も頼めます。これらは葬儀社から請求される場合と、葬儀社と提携している業者から請求される場合があります。

葬儀社では、どんな宗教による葬儀にも対応できるようさまざまな葬具を揃えていますし、自社で用意できないものは提携先から調達できるようにしていますから、必要なものがあったら葬儀社に相談してみましょう。

また、葬儀全般の段取りや進行などに関してわからないことがあったら、どんどん尋ねましょう。葬儀社はその道のプロで、地域の風習や慣習についてもよく知っていますから、適切なアドバイスやサポートをしてくれるはずです。逆に、依頼する前にいろいろなことを尋ねてみて、地域の風習や慣習について知らなさそう、アドバイスが適切ではなさそうと感じたら頼まなければいいのです。

葬儀の費用と相場については74ページを参照してください。

◆相談先一覧

葬儀・葬儀社に関しては……
全日本葬祭業協同組合連合会（全葬連）
TEL 0120-783-494 **http://www.zensoren.or.jp/**
経済産業大臣の認可を受ける日本最大の葬祭専門事業団体。57の協同組合、1,345社の葬儀社が加盟している（平成31年３月現在）。
全日本冠婚葬祭互助協会（全互協）
TEL 0120-034-820（契約者相談室） **https://www.zengokyo.or.jp/**
冠婚葬祭事業を中核とする全国213社（平成30年９月末現在）で構成する経済産業大臣の認可のもとに設立された一般社団法人。消費者保護を目的とした業界におけるセーフティネットの構築、加盟互助会への指導育成などのさまざまな活動をしている。

自然葬に関しては……
葬送の自由をすすめる会
TEL 03-5577-6209 **https://www.shizensou.net/**
1991年の設立以来、目的に賛同する市民が集まって、葬送の自由という基本理念の確認と自然葬への社会的合意の拡大を目指して、啓発活動を続けている。会員のための自然葬を行っている。

葬儀費用を安く抑えたい場合は……
闘病生活が長引いたり保険適用外の治療・投薬を受けたなどで医療費の出費がかさんだ、また、そのほかの経済的事情で葬儀費用をできるだけ安くしたい場合は、市区町村役場などの公的機関に相談してみること。自治体が提携している、葬儀を簡素･安価に行なえる葬儀社を紹介してもらえる。ただし、すべての自治体で取り入れているシステムではないので最寄りの役場に確認を。

通夜を執り行なうまでに確認、決めることはこんなにいっぱい！

通夜、葬儀・告別式を滞りなく行なうためには、確認あるいは決めることがたくさんあります。その項目は次のようなものです。

■喪主の決定

喪主は遺族の代表として儀式全般を主催し、弔問を受ける大切な役割です。故人と縁の深い遺族が務めるもので、故人の妻（配偶者）が喪主となるのが一般的です。妻が病気などで務められない場合は子供が務めますが、子供が未成年の場合は遺族から後見人を立てます。喪主は、通夜、葬儀・告別式以降の法要においても主催者を務めるのが一般的です。

■宗教・宗派の確認

通夜、葬儀・告別式は、故人または遺族の宗旨で営まれます。仏式、神式、キリスト教式がその代表的な形式ですが、これらの中では仏式が多いのが現状です。最近では、特定の宗教によらない無宗教葬で営むケースも増えてきています。

故人の信仰や故人の実家のしきたりを確認し、形式を決定します。もし、故人が遺言や生前の雑談の中で、こんな宗旨なり形式なりで儀式を営んでほしいという自らの意思を表明していたなら、それに従いましょう。

■規模の決定

故人の意思や社会的立場、交際範囲、遺族の交際範囲、予想される参列者数、経済的事情を考慮して規模を決めます。以前は、故人の家の伝統・格式や地域のならわしなどが規模を決める大きな要因でしたが、現在では、こういったことにとらわれずに喪家の意思で故人にふさわしい規模にすればよくなっています。

■式場の決定

通夜、葬儀・告別式は、以前は故人の自宅か菩提寺で営みましたが、これらの場所で営むケースは年を追うごとに減少しつつあります。代わって、斎場やセレモニーホール、マンションや団地に付属した集会場、公民館などで営むケースが増えてきています。都心部ほど、その傾向が強まっています。昨今の住宅&ご近所付き合いの事情を考えると当然といえるかもしれません。

また、新たな式場としてホテルも登場しています。ただし、多くの場合、遺体の搬入ができないこと、焼香や木魚を利用した読経ができないことから、ホテルで行なう場合には、先に火葬をすませて遺骨で営むことが多いようです。

■日程の決定

法律で、遺体は死後24時間は火葬してはいけないと定められているため、死亡日の翌日以降に通夜、通夜の翌日に葬儀・告別式が営まれるのが一般的です。ただし、葬儀・告別式の日が「友引」にあたる場合は「死者が友を引く」といって、通常はこの日を避けて日程を組みます。式場や火葬場、僧侶などの儀式を行なってくれる人の都合を確認したうえで日程を決定します。

■祭壇の決定

仏式の祭壇は、遺影、位牌、枕飾りを並べ、左右に供物や供花を飾ります。祭壇は葬儀社がセッティングしてくれますが、祭壇にはランクがあってランクにより料金が異なります。故人の人となりや遺族がどう故人を送りたいか、そして、予算を鑑みて祭壇を決めましょう。あまりみすぼらしくなく、また分不相応に立派すぎないことがポイントです。

■世話役などの決定と依頼

弔問を受けるのに忙しい喪主や遺族に代わって、儀式全般の企画・運営・進行を担当してくれる世話役を立てておくと何かと便利です。親戚、勤務先の人、友人、知人、隣近所の人の中から、喪家の事情に詳しく、儀式全般の知識や経験が豊富な人にお願いするといいでしょう。だいたい、親戚の中に儀式全般の知識や経験が豊富な長老的な人が1人はいるはずですし、勤務先にも儀式に精通した人がいるはず。ですから、遺族主体で営むなら親戚の長老的な人に、勤務先主体で営むなら勤務先の人に依頼しましょう。

ほかにも、儀式を進めるにはいろいろな係が必要で、その役割は次のとおりです。

・**会計係**……親族から現金を預かり、儀式全般に関わる経理を担当する。香典の管理、現金の出納や精算、出納帳の記入などが主な仕事内容。親族、その

ほかの人の中から1人ずつ選ぶとよい。

・受付係……弔問客や会葬者の受付（記帳簿の整理、香典や供物の受け取り）と応対を担当する。場合によって、携帯品係、手荷物係、下足係、案内係が必要なことも。近親者以外の人に依頼するとよい。

・進行係……喪主や葬儀社の人との打ち合わせ、通夜、葬儀・告別式の司会進行、弔辞の依頼、弔電の整理などを担当する。司会進行は葬儀社の人が担当してくれる場合もある。

・接待係……僧侶、弔問客、会葬者の案内と誘導、接待、通夜ぶるまい、精進落としの手配や準備、遺族の夜食の準備など細々したことを担当する。親戚や隣近所の女性に依頼するとよい。

◆通夜までにすることチェックリスト

- □喪主の決定
- □宗教・宗派の確認
- □規模の決定
- □式場の決定
- □日程の決定
- □祭壇の決定
- □世話役などの決定と依頼

僧侶などへの依頼はこうする

■僧侶との打ち合わせ

仏式で通夜、葬儀・告別式を営む場合は、菩提寺（檀那寺）に連絡を取り、僧侶の都合や日程、お布施の金額、戒名などについて相談し打ち合わせをします。宗派や菩提寺がわからなかったら親類に確認しましょう。

本来であれば喪主と世話役の2人揃ってお寺に足を運んで依頼するものですが、何かとあわただしいときですから、電話ですますことも増えています。とはいうものの、できれば世話役だけでも、事前に打ち合わせに出向きたいものです。

もし、菩提寺が遠方にある場合は、亡くなったことを連絡し、通夜、葬儀・告別式を行なう場所に近い同じ宗派の寺院を紹介してもらいます。その場合でも、戒名は菩提寺からいただくようにしたほうがいいでしょう。そうでないと、納骨のときに菩提寺から断られたり、戒名の改名をしなければならないなどの面倒なことが起きる可能性があるからです。

■戒名（法名）のもらい方

戒名（浄土真宗系では「法名」）は、俗世に生きる人間が修行を行なって仏の弟子になったとき、その証として師からいただく新しい名前のことです。ですから、本来、生前にもらうものですが、現在では亡くなってからもらう人がほとんどでしょう。戒名は通夜までにもらい、僧侶の手で白木の位牌に記してもらいます。宗派によって字数や構成が異なりますので、故人が信仰していた宗派や菩提寺からもらうようにしましょう。

戒名は、現在では、大人は「○○院○○○○**居士**（女性は**大姉**、以下同）」と「○○○○**信士**（**信女**）」が主流で、前者のほうが格上です。戒名は、師が弟子に授けるものなので、そもそも値段などは存在しませんでした。しかし、現在では戒名をもらったら、僧侶に謝礼金を払うのが一般的です。相場があるようなないような世界ですから、謝礼金の金額はケースバイケースとしかいいようがありません。しかし、格によって金額が異なり「院・居士」のほうが高い金額を払わなければいけないのは当然のことです。

戒名は、その後の法要や新盆供養のお布施・寄付金の金額にも影響を与えます。つまり、格上の戒名をもらうと、後々の費用も高くつくということです。こういったお金のことも考えて戒名の格を決めるようにしましょう。お布施や戒名の謝礼金の金額は、僧侶に相談してみるといいでしょう。相談しにくい場合は、親戚に相場を聞くのも手です。

最近では、戒名をもらわない人もいるようです。

■神式の場合は?

本来は故人の産土神《うぶすながみ》に連絡を取るものですが、実際には故人が氏子となっている氏神様で営んでもらうことが多いようです。産土神とは土地の守り神のことで、生まれたときにお宮参りをした神社、氏神とはお正月にお参りしたり祭りに参加したりしていた神社のことです。思い当たる神社がない場合は、葬儀社で紹介してくれる場合もありますので、相談してみましょう。

神式の葬儀のことを「葬場祭《そうじょうさい》」といい、用意する葬具や祭壇などが多々あるため、神社になるべく早く連絡を入れ、日程や式場などを神官と相談します。神社では葬儀を行なわないのが一般的ですから、神官に式場に来てもらうことになります。

■キリスト教式の場合は?

故人が所属していた教会に依頼します。所属していた教会がわからない場合は、地域の教会に訪ねてみるといいでしょう。なお、プロテスタントでは、故人が信者でなくても教会で葬儀を行なってくれるのが原則です。

通夜における注意点と流れを知っておこう

■通夜の心得

仏式における通夜は、故人ととくに親しい関係の人たちが集まって、一晩中、灯明を絶やさずに故人に付き添い、邪霊の侵入を防ぎながら故人との別れを惜しむ儀式でした。しかし、昨今では、葬儀・告別式に参列できない弔問客が訪れるケースが多く、通夜に弔問客が集中する場合がほとんどです。

自宅で通夜、葬儀・告別式を営む場合は、家具を片付けるなどして祭壇を設置できる広いスペースを確保します。祭壇や受付台などの設置は葬儀社で行なってくれますので、遺族はすでに訪れてくれている弔問客の対応や、葬儀社の指示に従って行なう必要のあることを進めます。

式場を借りて営む場合は、祭壇や受付台などの設置は葬儀社でしてくれていますので、遺族は通夜が開始される1時間前くらいには式場に行くようにします。

通夜が始まると何かと忙しく、通夜ぶるまいが終わるまでゆっくり食事をとれませんので、始まる前に軽く食べておくとよいでしょう。

また、世話役や各係の人に渡す謝礼は、通夜が始まる前に用意しておくのが賢明です。謝礼を入れる不祝儀袋は葬儀社で用意してくれる場合もあります。用意がないならコンビニなどで買い求めておきます。

装いについてですが、これは、通夜、葬儀・告別式ともに、喪主と遺族は礼服で臨むのがマナーです。和装と洋装がありますが、格の上下はありませんのでどちらでもかまいません。都市部を中心に、通夜も葬儀・告別式も洋装で臨むケースが多いようです。

遺族に子供がいる場合は、学校の制服があればそれでいいでしょう。制服がない、または未就学の場合は、男の子は白いシャツに紺などの地味な色合いのブレザーとズボンを着用し、ネクタイは結ばなくてもかまいません。女の子も紺などの地味な色合いのワンピースかブレザー&スカートを着用します。ブラウスは白が基本で、フリルや刺しゅうなどのハデな装飾がないものを選びましょう。

喪服が防虫剤くさかったら、ハンガーにかけて扇風機などで風をあてておくとだいぶ臭いがとれます。

■通夜の手順

通夜の進行は葬儀社がしてくれますが、心構えとして流れを知っておくほうがよいでしょう。

通夜は左図のような流れで行なわれるのが一般的です。

通夜は開始から3～4時間で終了し、式場で行なう場合は、遺族も午後10時ごろには自宅に帰るケースがほとんどです。しかし、故人と一緒に過ごしたい場合は、宿泊設備のあ

◆通夜の流れ

1. 受付開始
↓
2. 僧侶到着
↓
3. 一同着席
↓
4. 僧侶入場
↓
5. 僧侶読経
↓
6. 遺族焼香
↓
7. 参列者焼香
↓
8. 僧侶退場
↓
9. 喪主あいさつ
↓
10. 僧侶へあいさつ
↓
11. 通夜ぶるまい

◆通夜の席順

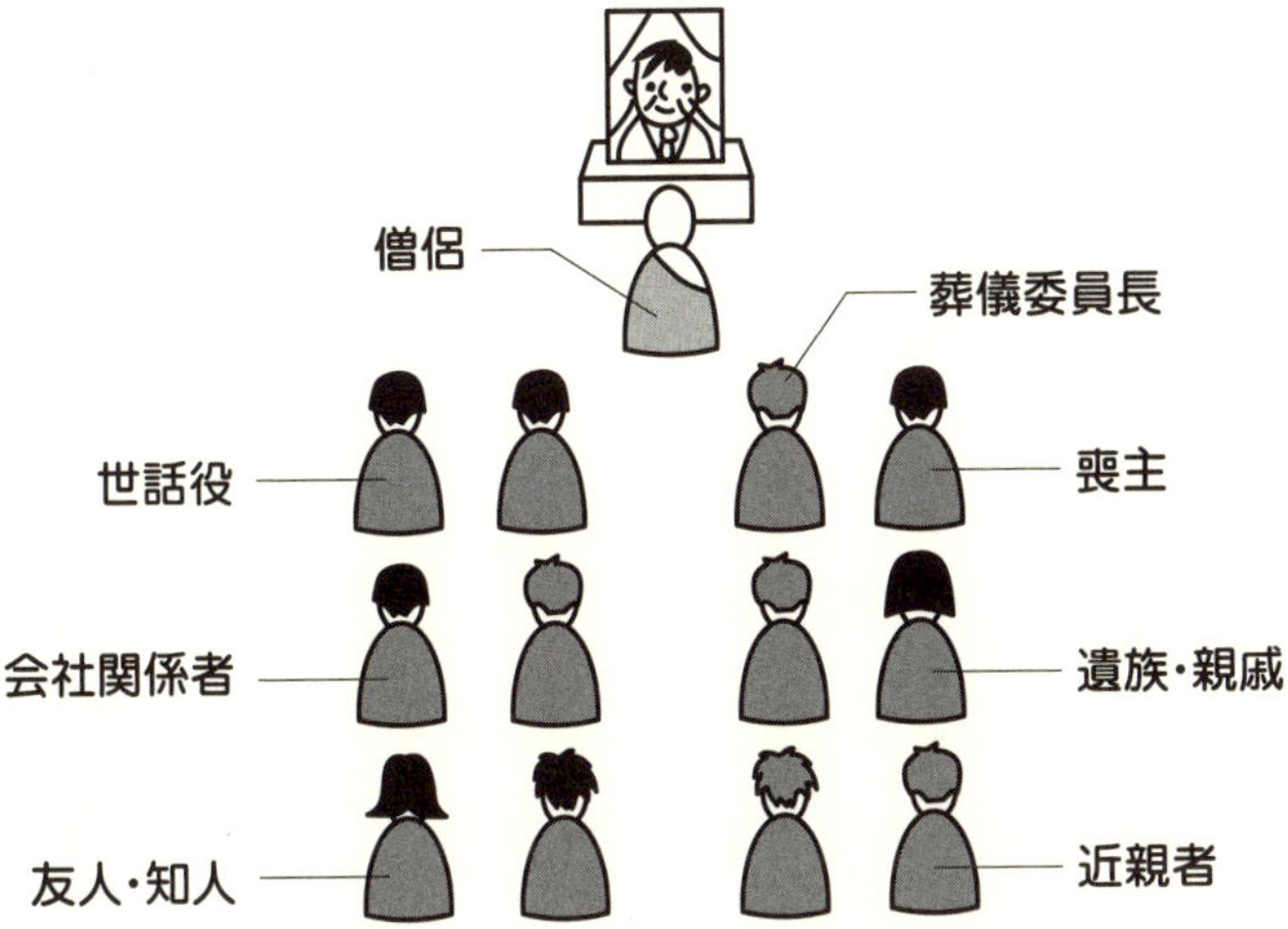

る式場なら頼めば宿泊することができます。

神式では、仏式の通夜にあたる通夜祭と神式独特の儀式である遷霊祭があり、引き続いて行ないます。これらの儀式が終わったあと、直会《なおらい》という会食で弔問客をもてなします。

キリスト教式では、カトリックは通夜の儀を、プロテスタントは前夜祭を行ない、献花や聖歌・賛美歌で故人を偲びます。これらの儀式が終わったあと、仏式の通夜ぶるまいを簡単にした会食で弔問客をもてなします。

葬儀・告別式のすすめ方を押さえておこう

■お葬式の考え方は？

本来、葬儀と告別式は別ものでしたが、現在では両方をまとめて葬式ということがほとんどです。

葬儀とは死者の冥福を祈るための儀式で、仏教では故人の成仏を祈るという意味をもっています。故人に仏弟子としての戒律を与え、浄土へ導くための引導を渡します。神道では故人の霊を神の座に送る、キリスト教では神（主）のもとに召される霊を見送るという意味があります。つまり、葬儀は宗教的儀礼ということです。

一方の告別式は、文字どおり、生前親しく付き合っていた友人や知人が故人に最後の別れを告げるための儀式で、社会的儀礼といえます。そもそもは葬儀に続いて会葬者全員で遺骨を墓地まで送り、埋葬前に行なうものでした。

宗教的儀礼である葬儀と、社会的儀礼である告別式は別々に営むのが本来の形ですが、一般会葬者が火葬場まで同行しないことが多くなっている昨今では、葬儀に引き続いて告別式を行なうのが慣習となっています。喪主・遺族の装いは礼服、座る席順は通夜のときと同じです。

仏式の葬儀・告別式に続く葬式当日の儀式の一般的な流れは図のようなものです。

◆葬式の流れ

①**葬儀**
喪主・遺族などが参列。僧侶が読経を行ない、故人の冥福を祈る。

②**告別式**
引き続いて告別式を行なう。正式には、僧侶は葬儀の終了後にいったん席を立ち、改めて入場する。僧侶が読経を行なっている間に一般会葬者が焼香する。

③**出棺**
故人と最後の体面をし、釘打ちの儀を行なったあとに柩を式場（または自宅）から運び出す。

④**火葬**
火葬場で納めの儀を行なう。火葬後、骨上げをして式場（または自宅）に遺骨を持ち帰る。

⑤**遺骨迎え**
後飾りの祭壇に遺骨を安置し、還骨勤行を行なう。

⑥**初七日供養**
初七日法要は本来は亡くなってから7日目に営むものだが、何かと忙しい昨今では、還骨勤行とあわせて行なうことが増えている。

⑦**精進落とし**
僧侶や世話役、故人が生前親しかった人などを招いて酒食でもてなす。

仏式の葬儀・告別式の式次第は宗派によって微妙に異なりますので、菩提寺の僧侶や葬儀社によく確認したうえで臨みましょう。一般的な式次第は次のようなものです。

◆葬儀の式次第

①喪主・遺族入場
②僧侶入場
③開式の辞
④読経・引導
⑤弔辞・弔電紹介
⑥僧侶焼香
⑦遺族焼香
⑧僧侶退場
⑨閉式の辞

◆告別式の式次第

①参列者入場
②僧侶入場
③読経
④一般会葬者焼香
⑤僧侶退場
⑥弔電紹介
⑦喪主あいさつ
⑧閉式の辞

告別式が終了したあとに続く、一連の儀式についても触れておきましょう。

■出棺

告別式終了後祭壇から柩が降ろされ、喪主や遺族、近親者、親しかった友人や知人が故人と最後の対面をします。このとき、葬儀社の人が祭壇に供えられた花や供花の一部をお盆に用意してくれますので、遺族や近親者の血縁の濃い順に、一輪ずつ柩に納めます。これを別れ花と呼び、故人の顔の周りに白い花を、体のほうに少し色のついた花を置きます。

最後の対面がすんだら柩に蓋をかぶせ、喪主から血縁の濃い順に、1人2回ずつ、釘の頭を石で軽くたたきます。その後、葬儀業者の手により蓋は完全に打ち付けられます。

釘打ちの儀式が終わった柩は、故人と関わりの深かった男性数人の手に支えられて、式場（または自宅）から霊柩車まで運びます。柩に続いて、位牌を持った喪主、遺影を抱えた遺族が従います。霊柩車に柩を納めたら、会葬者全員で霊柩車を見送ります。霊柩車は弔笛（クラクション）を鳴らしてから、静かに火葬場へ向かいます。

■火葬と骨上げ

火葬場に到着すると、係員の手で柩がかまどの前に安置されます。小机の上に位牌と遺影、花を飾り、遺族たちで柩を取り囲んでお別れをします。これを納めの式といいます。

その後、骨上げまでの1時間ほどは控室で待機しますが、その間、喪主や遺族は参列者を酒や茶菓でもてなします。酒や茶菓が残っても、持ち帰らないのがしきたりです。

骨上げは、喪主、遺族、親族、一般会葬者の順に、2人一組で一片の骨を箸で両側からはさんで骨壷に納めていきます。どの骨を拾うかは、火葬場の係員の指示に従いましょう。骨上げが終わると、係員が残った骨を骨壷に納めて白木の箱に入れ、白布に包んで渡してくれます。埋葬許可証は箱の中に骨壷と一緒に入れてくれるのが一般的です。

■遺骨迎え

火葬場から帰ってきたお骨は、還骨勤行（還骨回向ともいう）という儀式で供養を行ないます。この儀式を行なうために式場（または自宅）に入るときは、葬儀社が入り口に用意してくれている塩と水を用いて清めを行ないます。

後飾りの祭壇（遺骨、位牌、遺影、仏具、花、供物などを置く。葬儀社で用意してくれる）の前で僧侶が読経し、遺族や参列者が線香を手向けます。還骨勤行は僧侶が火葬場まで同行してくれた場合に行なうのが一般的で、初七日法要とあわせて行なったり、省略するケースもあります。

■精進落とし

精進《しょうじん》落としは、本来は四十九日の忌明け後に行なう最初の食事のことでした。しかし、最近では、一連の儀式でお世話になった人たちをねぎらう宴席としての意味合いが強まっていて、還骨勤行のあとに行ないます。精進落としを行なわない場合は、折り詰めや弁当を用意し、酒を一合ほど添えて渡します。

式場で精進落としを催した場合は、終了後、遺骨その他を自宅に持ち帰り、後飾り用の台などに安置します。これ以降、四十九日の忌明けまでは毎日ろうそくを灯し、線香を手向けて故人の冥福を祈ります。

神式における葬儀・告別式は、葬場祭または神葬祭といい、死の汚れを清めて故人を家の守護神として祭る儀式です。柩が火葬場や墓地に向かうときは出棺祭(発柩祭ともいう)、火葬する際は火葬祭(炉前祭ともいう)など、ほぼ仏式に準じた一連の儀式を行ないます。

キリスト教では死は終わりではなく、神に召される記念すべきものと考えます。よって、葬儀・告別式は、神の御許に受け入れてもらえるよう祈る儀式となります。出棺のときには神父・牧師によって出棺の祈りがささげられ、聖書の朗読や聖歌・賛美歌を合唱するなど、これもほぼ仏式に準じた一連の儀式を行ないます。

すぐに火葬しなければいけないときは密葬を行なう

密葬とは、故人のごく身近な親族だけで遺体を荼毘に付して弔うことです。どの範囲までの友人に参列してもらうかは、故人の生前の希望や遺族の意思によります。年末年始や海外、国内の旅行先などの遠隔地、感染症などで亡くなり、すぐに火葬にしなければならないときに行ないます。祭壇は質素に整える、または省略して行なう場合が多いようです。

密葬は本葬を行なうことを前提に行なわれるのが一般的ですから、密葬をしたあとに友人・知人、仕事関係など、故人と関わりのあった人たちに通知を出し、改めて遺骨で本葬を行ないます。社葬や団体葬などの大規模な葬儀を行なう場合は、遺族が密葬を行ない、社葬・団体葬を本葬とすることもあります。また、本葬として事前に遺族を中心とした葬儀を行なってから、社葬・団体葬を営む場合もあります。

最近では、密葬だけで葬儀を終わらせてしまうことも増えています。その場合、一定期間（2か月後など）を過ぎたあとに、告別式や偲ぶ会を催すことが多いようです。

宗教にこだわらない形式で葬儀を行なってもよい

ここまで、夫を葬るための儀式の形式として最も多いと思われる仏式を中心に、神式・キリスト教式についても触れてきました。しかし、信仰や宗教とは無縁の日常生活を送っている人も多く、そんな人が葬儀だけ特定の宗教・宗派に則って営むのを不自然に感じる場合もあるでしょう。そんな世相を反映してか、最近では、あまり形式にこだわらない葬儀を行なうケースも増えています。代表的な形式は次のようなものです。もし、生前に故人が何らかの意志表示をしていたらそれを採り入れる、また、遺族がこう送りたいという強い希望があればそれを反映させた形式にアレンジしたり新しく考案したりすればいいのです。

■プラスα型

宗教・宗派に則った従来の儀式の進行に関わりのないところに、故人の趣味や希望を反映させる形式。たとえば、故人が歌の好きな人だったら最も好きだった曲を全員で合唱する、故人が趣味で作ったものを展示するなど、さまざまなバリエーションがあります。

また、従来の儀式の一部に独自の方法を採り入れるのも、このタイプに属します。たとえば、告別式の代わりに追悼演奏会や追悼鑑賞会、遺作展などを行なったり、故人の生前の趣味を生かして山岳葬や船上葬などを行なったりすることです。近年、増加傾向にある自然葬も、埋葬部分に新しい形式をプラスしたという意味で、このタイプに分類できるでしょう。

自然葬とは、火葬後に遺骨を砕いて海や山などに散骨・散灰することで、自然回帰志向の高まりや墓地の確保が難しい状況になっているなどで、近年、希望する人が多くなっている埋葬形式です。ただし、日本には埋葬に関する法律があり、勝手に遺体や遺骨を処分してはならないことになっていますので、節度を持って行なう必要があります。節度を持って行なう限りは、とくに許可を取る必要はありません。

■無宗教型

宗教に則ったしきたりや決まりごと、儀式をいっさい無視して、完全に自由な形式で行なう葬儀。さまざまな宗教の人が集まる可能性のある社葬や団体葬で採り入れるケースが多いようです。故人と遺族の信仰する宗教が異なる場合に向いている形式といえそうです。

■家族葬

家族や親族、親しい友人・知人を中心に、1人から30人程度の少人数の人が集い、小規模に行なう葬儀形式です。家族葬の流れは、基本的に一般的な葬儀と同じです。自身のお葬式は簡素でいいという意識の高まりや、故人が高齢で参列人数が少ないなどの理由で、この形式を選ぶ人が増えています。費用は、一般的な葬儀より抑えられます。

■直葬《ちょくそう》・火葬式

通夜、葬儀・告別式の儀式を省き、ごく親しい人が1人から数人で参列し、火葬のみを行なう葬儀形式です。近年、核家族化や近所付き合いの希薄化、高齢化、経済的な理由で、この形式を選ぶ人が増えています。費用は、一般的な葬儀より大幅に抑えられます。

葬儀が終わったあともさまざまな後始末がある

通夜から精進落としまでの一連の儀式が終わっても、喪主・遺族はひと安心というわけにはいきません。さまざまな後始末が待ち受けているからです。その後始末とは、次のようなことです。

■事務の引き継ぎ

世話役や各係にお願いした事務は、精進落としがすんだらできるだけ早く喪主・遺族に引き継いでもらいます。芳名帳や香典帳、供物帳などの葬儀に関連した書類を受け渡してもらい、現金の収支決算もしてもらいます。

会計係は香典の受け取りや現金の出入りに関する書類を記帳するとともに領収書なども保存していますから、それらの内容と現金の収支に間違いがないことを確認して書類と現金を受け取ります。このとき、あとで騒動のもとにならないよう、世話役などの第三者に立ち会ってもらうといいでしょう。

■世話役、各係へのお礼

世話役や各係の人へは、精進落としをもってお礼に代えるものですから、改めてお礼をする必要はありません。しかし最近では、夫の会社関係や隣近所など、日頃から遺族と深い付き合いのない人にお願いするケースが増えていますので、このような場合はお礼として現金や商品券、品物を渡したり送るようにします。また、世話役には後日改めてお礼のあいさつに伺います。

■寺院・神社・教会へのお礼

葬儀がすんだら、あまり日をおかずに寺院（神社・教会）にお礼のあいさつに伺います。葬儀に関する謝礼金は葬儀中に手渡す場合が多いため、謝礼ではなくお布施や献金などの形で志を包みます。もし、葬儀中にお布施を払っていないようなら、このときに渡します。

■近所へのあいさつ

隣近所やお世話になった人には、遅くとも初七日までに、お礼とおわび、滞りなく終了したことを報告するためのあいさつ回りをします。このとき、とくにお世話になった人や迷惑をかけた人、物を貸してもらった人には志を包んで持って行きましょう。

一般参列者には、会葬礼状であいさつとお礼に代えていますので、改めて訪問する必要はありません。

■勤務先へのあいさつ

故人の勤務先へは、勤めていたときの直属の上司か葬儀のときに世話になった総務部長などに連絡をしてアポイントを取ってから訪問します。伺ったらお礼の品物を渡し、あいさつをします。故人が所属していた部署の人が葬儀を手伝ってくれていたら、その人たちにもお礼の品物を渡しましょう。お礼の品物にとくに決まりはありませんが、所属部署の人全員に行き渡るくらいの数があるか分けられるものがいいでしょう。

このとき、人事・総務などの担当者とも連絡を取り、退職金や社会保険の手続きなどの事務関係の処理も行ないます。

どのような処理があり、そのためにどのような書類などを準備する必要があるかを事前に確認し用意して持参しましょう。また、身分証明書や社員バッジなどの返却するものがあればそれも持参して返却します。そして、故人が使用していた机やロッカーなどを整理し、私物を持ち帰ります。私物の量が多い場合は着払いの宅配便を手配してもらうようにします。

■香典返し

香典返しは一部の地域を除き、即日返し（その場返しともいう）といって、通夜や葬儀・告別式の当日に、式場の出口で手渡しするのが一般的です。この場合、香典の金額にかかわらず同一の品物を手渡すことになり、高額の香典を包んでくれた人には不公平になります。このため、とくに高額だった人には、改めて香典返しの品を贈ります。デパートの贈答品コーナーの人やギフトショップの人に尋ねれば、どんな品物が適しているか教えてくれます。贈る時期は四十九日の忌明け後が一般的です。

神式で即日返しでない場合は、五十日祭の後に贈ります。キリスト教式には香典返しというしきたりそのものがありませんが、死後一か月目の命日に「記念品」として贈り物をすることもあります。

なお、香典の中包みに「香典返し不要」と書き添えてあれば、香典返しはしません。また、次のようなケースは香典返しをしなくてもかまいません。

- 一家の生計を担っていた人が亡くなった場合、香典として受けたお金を遺族の生活費や教育費に充てることもあります。このような場合には香典返しを必ずしなくてはいけないというものではありません。そもそも香典には、葬儀にかかる多額の費用を皆で補い合う、助け合いの意味が込められているからです。
- 故人の意思で社会福祉団体や研究団体に寄付する場合は、香典返しを行なわず、忌明け後にその旨と寄付先を明記した礼状を送って通知します。

■形見分け

四十九日法要がすんだら、故人の遺品を整理して、形見分けするものと片付けるものに分けます。

形見分けは、故人が愛用していたものや大切にしていたものを、故人と親しい近親者や友人に贈って故人を偲んでもらうために行なうものです。ただし、目上の人にはかえって失礼にあたることもありますので慎重にしましょう。

受け取ってほしい人が近くに住んでいる場合は、受け取ってもらえるかを確認したうえで取りに来てもらい、遠隔地に住んでいる場合は相手の意思を確認したうえで送ります。手渡す場合は、贈り物ではないという意味で包装をしないか奉書紙で軽く包む程度にします。

そのほかの故人の遺品は、日記や手帳、住所録、手紙などはあとで必要になることも考えられますので保管しておくようにし、着古した衣類など保管しておいてもしかたのないものは処分します。

故人の仕事に関係した書類は、あとで税務上の問題が発生することも考えられますので、最低でも7年程度は保管しておきましょう。夫が自営・自由業だった場合は、とくにその必要性が高いといえます。

葬儀関連にはどんな費用がかかるか知っておこう

■葬儀に関連する三つの費用

夫が死亡してから精進落としが終わるまで、いったい、どれくらいのお金がかかるのでしょう。これは、故人の社会的立場、葬儀の形式や宗教・宗派、葬儀の規模や演出、地域のしきたりや習慣、依頼した葬儀社によって異なりますので、一概にいくらかかるとはいえません。営み方によっては数十万円ですむ場合もあるでしょうし、数百万円もかかることも考えられます。

葬儀に関連した費用は、大きく分けて、次の3種類がありますので、それをもとにおおよその見当をつけましょう。

①寺院（神社・教会）、世話役・各係への謝礼

通夜、葬儀・告別式を行なってくれた僧侶（神官、神父・牧師）への謝礼額は、定価があるものではありません。どれくらいの謝礼をしたらいいか、ざっくばらんに尋ねてみるのが一番です。その場合、金額をいくらと指定されたら、その金額が少々高いと感じても値切るわけにはいきませんから、指定された金額を包みます。「お気持ちで」と言葉をにごされたら、喪家の経済状態と照らし合わせて、無理のない範囲の謝礼額を決めます。ただし、寺院（神社、教会）の格式や故人との関わりの深さ、葬儀の規模、戒名の位などでそれなりの相場がありますから、相場を逸脱しない配慮が必要です。どれくらいが相場かは寺院（神社、教会）と付き合いのある親類などに聞いたり、葬儀社に相談してみるといいでしょう。

仏式における「お布施」は読経料と戒名料も含みますが、これとは別に、「お車代」として3000〜5000円程度、通夜ぶるまいをしなかったか僧侶が辞退した場合は「御膳料」として1万円程度を包みます。「お布施」は通夜に僧侶が到着してあいさつしたときに、「お車代」「御膳料」は通夜の一連の儀式が終わって送り出すときに渡します。

葬儀全般の世話役を引き受けてくれた人には1万〜2万円程度、各係の人には3000〜5000円程度を目安に、謝礼金を包みます。喪主と親類一同それぞれで謝礼金を出す地域もあります。精進落としのときに渡すのが一般的です。霊柩車やマイクロバス（依頼した場合）の運転手への心づけも、3000〜5000円程度必要です。これは、葬儀社の人に預けておけば渡してくれます。

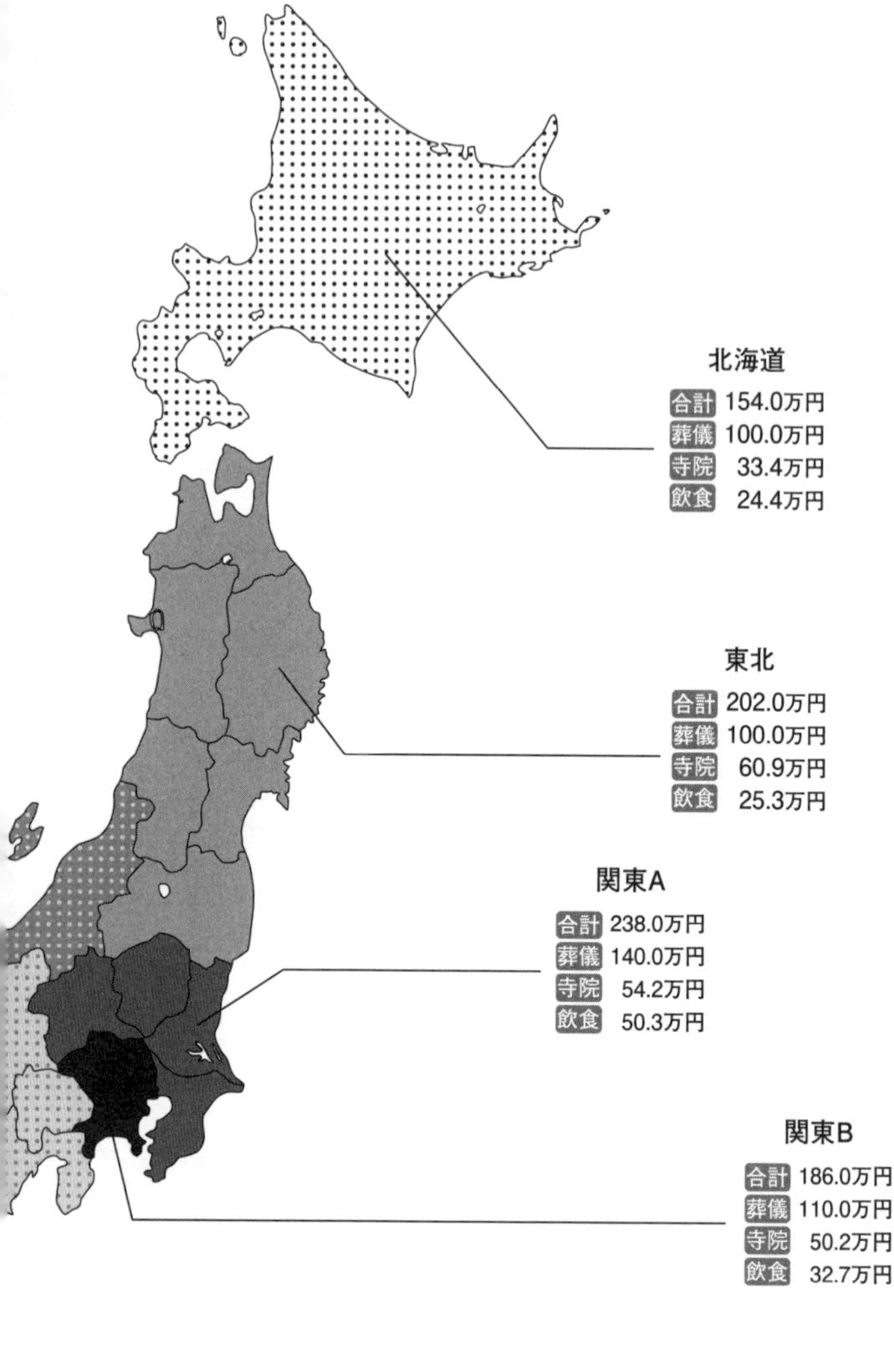

一般財団法人 日本消費者協会
『第11回「葬儀についてのアンケート調査」
報告書〈2017(平成29)年1月〉』より
※葬儀費用の合計は「個別の費用は分からない」
などのケースを含むため、各費用の合計とは一
致しない

◆葬儀費用の地域別平均額

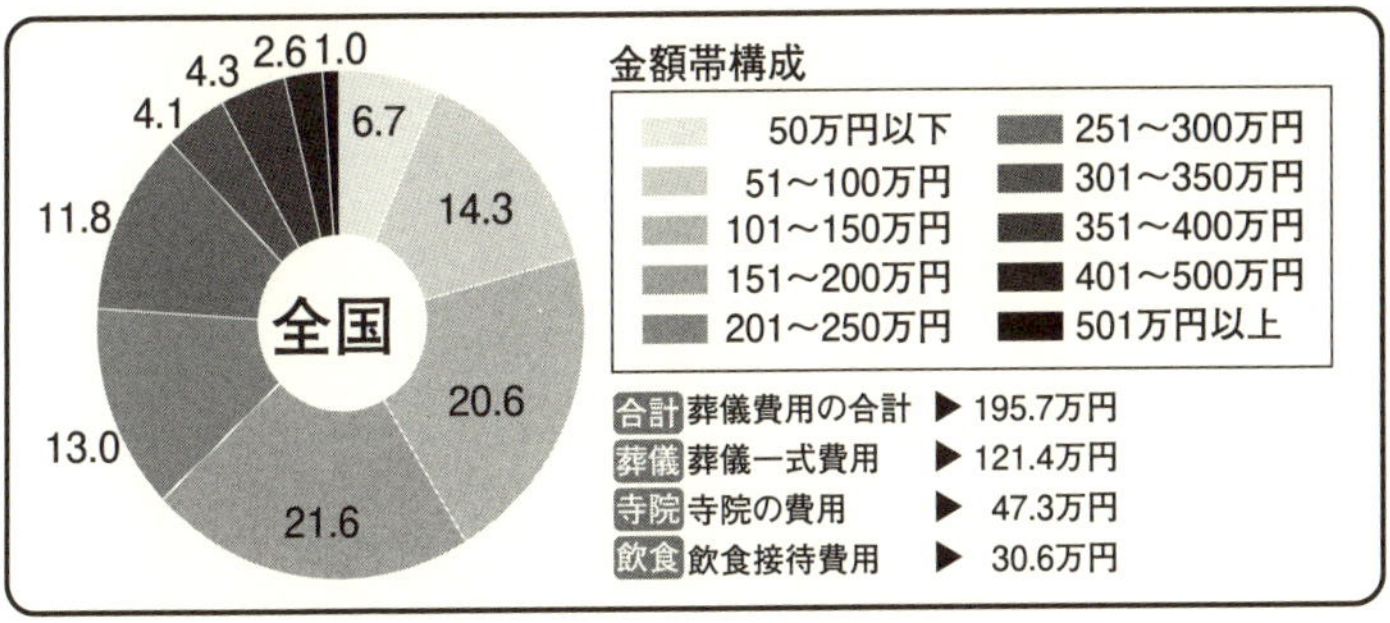
4.3
2.6
1.0
4.1
6.7
11.8
14.3
全国
20.6
13.0
21.6
金額帯構成
50万円以下
51～100万円
101～150万円
151～200万円
201～250万円
251～300万円
301～350万円
351～400万円
401～500万円
501万円以上
合計 葬儀費用の合計 ▶ 195.7万円
葬儀 葬儀一式費用 ▶ 121.4万円
寺院 寺院の費用 ▶ 47.3万円
飲食 飲食接待費用 ▶ 30.6万円

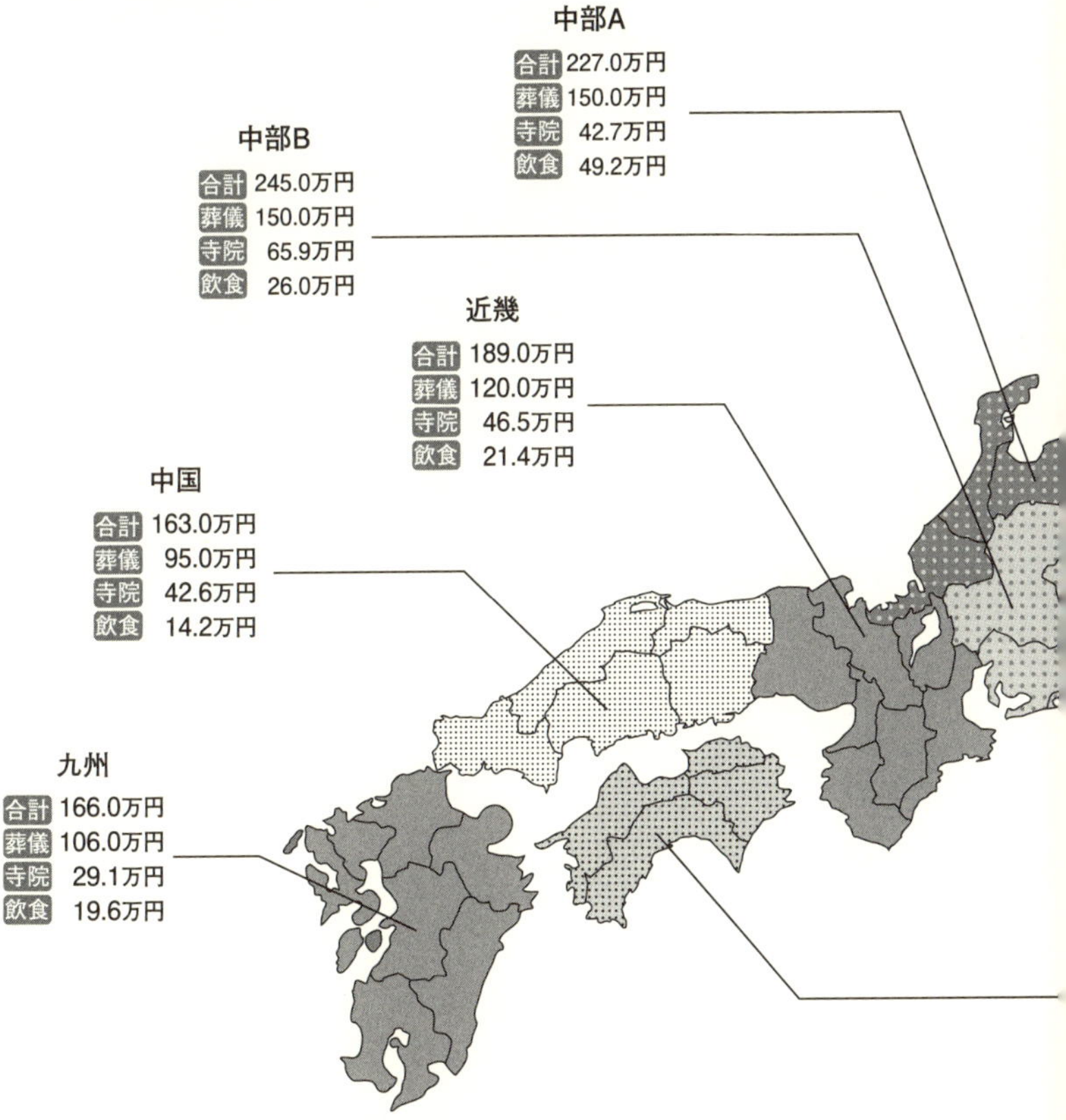
中部A
合計 227.0万円
葬儀 150.0万円
寺院 42.7万円
飲食 49.2万円
中部B
合計 245.0万円
葬儀 150.0万円
寺院 65.9万円
飲食 26.0万円
近畿
合計 189.0万円
葬儀 120.0万円
寺院 46.5万円
飲食 21.4万円
中国
合計 163.0万円
葬儀 95.0万円
寺院 42.6万円
飲食 14.2万円
九州
合計 166.0万円
葬儀 106.0万円
寺院 29.1万円
飲食 19.6万円

②葬儀費用

一連の葬儀にかかる費用で、祭壇や柩などのセット料金（またはコース料金）と、供物や献花などのオプション料金を合計したものです。セット料金は何段階かのランクがあり、それこそピンからキリまであります。オプション料金はどんなものを頼むかによって異なるのは当然ですが、たとえば、供物は一ついくら、献花は一対いくらなど金額が決まっていますから、頼んだ数でおおよその金額がつかめます。

葬儀終了後に請求書を手渡されるのが一般的で、持ち合わせがあればその場で現金で払ってもいいですし、日を改めて持参する、集金に来てもらう、振込むなどの方法で払ってもかまいません。

③飲食接待費

通夜ぶるまい、精進落とし、香典返しなどにかかる飲食費や品物の代金で、参会者の人数分かかります。通夜ぶるまいや精進落としの際の食べる物は返品はききませんが、酒やソフトドリンクなどの飲料は開栓しなければ返品できる場合もあります。また、香典返しも返品を受け付けてくれる業者もあります。ですから、**返品できない食べ物は少なめに発注する**ことが、あとで捨てたりの無駄を省くコツです。ただし、参会者がいるのに食べる物がないのはみっともないので、少なめとはいってもほどほどに。

金額は、通夜ぶるまいと精進落としの食べ物は1人4000～5000円、香典返しも1人2000～3000円が一般的な目安です。飲料費は参会者に酒をたしなむ人がどれくらいいるかによって異なります。また、精進落としのあと、いわゆる「葬式まんじゅう」といわれるお菓子を手みやげとして参会者に持たせる風習の地域もあり、これは1人1500～2000円程度が目安です。これらは、それぞれの業者から請求書が来ますので、支払い期日や払い方を確認して支払います。

世間ではどれくらいの費用をかけているかは、76ページの「葬儀費用の地域別平均額」のデータを参考にしてください。

通夜、葬儀・告別式以降も、さまざまな法要、香典返し、仏壇・お墓のない人はその購入のための費用などが断続的に必要となります。

葬儀費用はどう捻出すればいい?

■150万~200万円は準備する

葬儀はお金が出るばかりではありません。入ってくるお金もあります。その代表は香典と公的保険から給付される埋葬料・葬祭費などです。つまり、葬儀費用の全額を自己負担するわけではないということ。亡くなった夫が交際範囲が広かったり、勤務先でいいポジションにいたなどで参列者が多かった場合は、香典が葬儀費用を上回ってお金が残ることもあり、遺族は葬儀費用を1円も負担しなくてすむこともあるでしょう。

香典は通夜や葬儀・告別式の当日に現金で入ってくるものですが、集計が終わって遺族が現金を手にするのは、葬儀・告別式が終了したあとになることが多いので、これを葬儀費用のアテにしないほうが無難です。また、公的保険から給付されるお金はすぐに手にできません。そこで、葬儀費用の支払いに充てるための現金を用意する必要があります。用意する現金の目安は150万~200万円程度です。

■夫の預貯金を使うのが一般的

では、この現金はどこから捻出すればいいのでしょう。夫の葬儀のための費用ですから夫の預貯金口座から引き出すのが一般的です。ところが、死亡した人の預貯金類は死亡の時点から遺産として相続の対象になり、遺産分割の前に引き出すには、相続人全員の同意がない限り、原則として認められません。しかし、相続法が改正され、2019年7月1日からは相続人全員の同意がなくても、遺産分割の前に預貯金の仮払い（引き出し）を受けられます。

その方法には、「金融機関の窓口で直接仮払いを申し立てる」、「家庭裁判所に仮払いを申し立てる」の2つがあります。葬儀費用は、すぐに必要なお金ですから、前者の方法が向いています。裁判所での手続きも必要なく、仮払いが必要な理由を聞かれることもありません。ただし、引き出せる金額には、上限が設けられています。上限の計算式は次の通りです。

・預貯金残高×1／3×仮払いを求める相続人の法定相続分（妻は1／2または2／3）

なお、1つの金融機関から引き出せるのは150万円までです。引き出した分は、遺産分割のときに、妻の相続分から差し引かれます。

引き出すとき、世話役や各係などで手伝ってくれた人への謝礼を払うために、10万円程度を五千円札と千円札で引き出すとよいでしょう。

また、故人が長患いをしていたなどで現金が手元にない場合は、一時的に誰かに立て替えてもらって後で精算するようにします。故人が葬儀費用として保険金の一部引き出しができる生命保険に加入しているようなら、それの引き出し手続きを行なって葬儀費用に充ててもいいでしょう。

故人を供養するための法要のあらましを知っておこう

通夜、葬儀・告別式が終わったあとも、故人を供養するための法要という儀式が続きます。仏式における法要は追善供養《ついぜんくよう》ともいい、宗派によって異なりますが、次のような節目に行なうのが一般的です。

■初七日～四十九日忌

仏教では人間は死んでから次の生を受けるまで49日の期間があると考えられ、この間に行なう法要を「中陰供養《ちゅういんくよう》」といいます。初七日忌から7日ごとに7回行ない、四十九日の法要を行なって忌明けとなるのが一般的です。

四十九日の法要では位牌を白木のものから塗り位牌に替え、僧侶に「入魂供養」をしてもらったあと、封印してあった仏壇を開いて位牌を納めます。仏壇がない場合は、位牌は菩提寺に預かってもらいますが、できるだけ早く仏壇を用意してお迎えするようにしまし

◆節目節目に行なわれる法要

・初七日忌＝死後7日目（葬儀・告別式当日に還骨勤行とあわせて営むケースが多い）
・二七日忌＝死後14日目
・三七日忌＝死後21日目
・四七日忌＝死後28日目
・五七日忌＝死後35日目
・六七日忌＝死後42日目
・七七日忌＝死後49日目（四十九日の法要）
・百か日忌＝死後100日目
・一周忌＝死後満1年目
・三回忌＝死後満2年目
・七回忌＝死後満6年目
・十三回忌＝死後満12年目
・十七回忌＝死後満16年目
・二十三回忌＝死後満22年目
・二十七回忌＝死後満26年目
・三十三回忌＝死後満32年目

ょう。遺骨を飾っておいた後飾りの祭壇はこのときに取り払います（分別してゴミに出してかまいませんが、有料で回収してくれる業者もあります）。遺骨は四十九日の法要時にお墓に納骨するのが一般的です（納骨については87ページ参照）。

■年忌法要

次の法要は百か日忌で、これは、故人が仏となって初めての法要になります。そのあとは、故人の祥月命日《しょうつき》（亡くなった日と同月同日のこと）に年忌法要を行ないます。年忌法要は一周忌、三回忌は比較的盛大に行ないますが、七回忌以降は規模を縮小して身内だけで行なうか、省略するケースもあります。ただし、三十三回忌は弔い上げとして戒名を過去帳に転記し、仏壇に置いていた位牌を菩提寺に納めます。これをもって故人の法要は一区切りとなり、このあとはご先祖供養としてほかのご先祖様と一緒にお盆やお彼岸などに供養するのが一般的です。

比較的盛大に行なう法要は四十九日と一周忌、三回忌ですが、それでも参会してもらうのはごく近い身内だけというケースが多いようです。そのほか参会したいと申し出てくれた人には参会してもらうようにしましょう。法要に関して何かと口を出す親類がいたら、妥協できる範囲で意見を取り入れるのが無難です。

四十九日や一周忌などの法要で身内以外の人を招く場合、それぞれの日に行なうのが原則ですが、平日にあたって参列者の都合がつけにくいときは日にちを変更してもかまいません。ただし、**忌日よりあとに行なってはいけない**という決まりがありますので、忌日の直前の休日などで設定します。僧侶とも相談したうえで日にちを決めたら、参列者と法要を行なう場所（自宅、菩提寺、斎場、ホテルなど）を決定して連絡・手配します。

法要には卒塔婆供養も行なうことが多く、その場合は菩提寺に何本用意してもらいたいかを事前に連絡して当日に持ってきてもらいます。卒塔婆供養とは、白木の板卒塔婆に故人の戒名や経文を記し、お墓の後ろに設置されている卒塔婆立てに立てて供養することをいいます。法要が終わったら、参列者への感謝の気持ちをこめて会食（これをお斎《とき》という）の場を設けてもてなし、帰りには引き出物を持たせることもあります。これらをする場合は、その手配も行ないます。僧侶への謝礼も忘れずに用意します。

■永代供養

三十三回忌で年忌法要を終わらせたときや、故人・ご先祖供養を継承してくれる親族がいないなどの場合は、菩提寺などに永代供養をお願いする方法もあります。永代供養とは、一定期間の（注・永久ではありません）供養を親族に代わって菩提寺などが行なってくれることです。永代供養をしてもらうためには、「お布施」として菩提寺などにまとまった永代供養料を支払います。たいていの場合、三十三回忌や十七回忌くらいの契約で、更新がなければ合祀墓に合祀されるような契約になっています。

神式では、仏式の法要にあたる儀式を「霊祭」といいます。霊祭は、葬儀の翌日に営む「翌日祭」、亡くなった日から10日ごとに5回営む「毎十日祭」、１００日目に営む「百日祭」、祥月命日ごとに営む「式年祭」があります。「五十日祭」の日が神式での忌明けとされています。「式年祭」は1・2・3・5・10・20・30・40・50・１００年目に営みますが、20年以降は省略されることが多いようです。

キリスト教には仏式の法要に相当するものとして、カトリックの「追悼ミサ」、プロテスタントの「記念の集い」と呼ばれる儀式があります。

納骨はいつ行なえばいい？

納骨とは、文字どおり、故人の遺骨をお墓に納めることですが、その時期はとくに決まっているわけではありません。遺族の都合のいい日を選んで行なえばいいのですが、四十九日、一周忌、三回忌の法要にあわせて行なうのが一般的です。

最近では、葬儀当日に火葬場から直接墓地へ向かい、納骨するケースも増えています。また、すぐに納骨せずに、遺骨を自宅や菩提寺などに置いておくこともあり（お墓がない場合が多い）、これは違法行為ではありません。法要にあわせて納骨を行なわない場合は、僧侶、親族、親しい友人などを招いて納骨式を営みましょう。

神式における納骨式は「埋葬祭」といい、「五十日祭」などとあわせて行なうことが多いようです。神官にお願いして営んでもらいます。

キリスト教式の納骨は、葬儀当日や一年目の命日などに行なうことが多いようです。神父・牧師が立ち会い、聖書の朗読や賛美歌・聖歌の斉唱などの簡単な礼拝を営みます。

お盆・お彼岸の供養も忘れずに

■お盆の供養のしかた

仏教の先祖供養の大切な年中行事に、夏のお盆と春・秋の年2回のお彼岸があります。お盆の日にちは地域によって異なり、都市部では7月13～16日、地方では8月13～16日としているようです。

お盆は年1回、先祖の霊が里帰りする時期で、その霊を迎えるために仏様のいる家庭では仏壇や仏具をきれいにし、お盆の入り（初日）には精霊棚をしつらえて門口でおがらをくべて迎え火をたきます。お盆の最終日には迎え火と同じように、門口で送り火をたいて霊を送ります。最近では、住宅事情や防災上の理由で、迎え火や送り火をたかないケースもあります。

故人が亡くなったあと、最初に迎えるお盆を新盆《にいぼん》（初盆ともいう）といい、死者の世界に慣れていない新仏のためにとくにていねいに供養します。亡くなった日（たとえば、お盆の1か月前など）によっては、その年ではなく、翌年が新盆になる場合もあります。

新盆では、新仏が迷わずわが家に帰ってこられるよう、白地に家紋を入れた盆提灯を玄関先に飾って目印とします（マンション住まいの場合は、飾らないケースが多い）。使い終わった盆提灯は送り火で燃やすか菩提寺に納め、再使用はしません。通常のお盆より早めの時期に日を定め、親族や親しい友人を招き、僧侶に読経してもらいます。そのあとは、会食で参会者をもてなし、引き出物を持たせるのが一般的です。

■お彼岸にはお墓参りを欠かさずに

お彼岸は、春分の日と秋分の日を中日とし、前後3日間、合計1週間ずつの期間です。「暑さ寒さも彼岸まで」と昔からいわれているように、この時期は1年の中で最も過ごしやすい時期。そんな時期の数日間は、御仏のおられる彼岸（極楽浄土のこと）を思い、読経したり精進潔斎《しょうじんけっさい》しようというのが、お彼岸の本来の意味です。この行事は、日本独自のものです。

故人が亡くなってから初めてのお彼岸には、僧侶を招いて読経してもらったり、親族や親しい友人たちを招いて墓参・会食をする場合もあります。以降の毎年のお彼岸のときには、お墓参りを欠かさないようにします。

なお、お墓参りはいつ行ってもかまいませんが、お彼岸のとき以外にも、お正月や毎月の月命日、お盆、年忌にもお参りするようにしたいものです。月命日のお墓参りについては、永久的に行なうとなるとかなりしんどいものになりますので、一周忌まで、三回忌までなどの区切りのいい年忌で打ち切るなど、遺族の気持ちで決めてもいいでしょう。

そして、年に1回くらいは、お墓をきれいに掃除します。

仏壇はどうすればいい？

■仏壇の選び方・置き方

忌明けを迎えると「入魂供養」をしてもらった位牌を仏壇に納め、これ以降は日々の供養を行ないます。日々の供養とは、仏壇を祀り、お供え物を供えてお線香や灯明をあげて読経することです。読経しないまでも、お供え物とお線香・灯明あげは欠かさないようにしたいものですが、面倒であれば、1日1回、手を合わせるだけでもいいでしょう。

家に仏壇がある場合はそこに位牌を納めますが、ない場合は仏壇を購入することになります。ただ、亡くなってから間のないこの時期は何かと物入りで資金に余裕がない場合もあります。その場合は、一周忌や三回忌などの法要の時期までに購入すればよいとされています。

仏壇には、仏間や床の間、畳の上に直接安置する台付きタイプと、タンスや棚などの上に安置する上置きタイプがあり、材質は紫檀や黒檀、桜、チークなどさまざまです。デザインも伝統的な装飾のものから家具調まで、サイズも大きいものから小さいものまで、実に多くのバリエーションがあります。当然、値段もさまざまです。仏壇は何度も買い替えるものではありませんから、タイプやサイズなどをよく考え、予算との兼ね合いで選びましょう。

仏壇を安置する場所、仏壇の中に祀るご本尊や仏具は宗派によって異なりますので、菩提寺の僧侶に確認するとよいでしょう。もし、住宅事情で神棚と同じ部屋に安置せざるを得ない場合は、向かい合わせにならないよう安置します。また、上置きタイプの場合はあまり高いところに安置すると手が届きにくくなりますので、家族全員が供養しやすい高さに安置します。

■仏壇を購入したらすること

仏壇を購入したら、ご本尊をお迎えする前に「入仏式（開眼法要・開眼供養ともいう）」を行ないます。仏壇開きの意味もありますので、必ず行なうようにしましょう。法要と合わせて行なうときは、入仏式をしてから法要を行ないます。

入仏式は僧侶を招いて自宅で行なうか、菩提寺にご本尊を持って行って読経してもらってから仏壇に安置します。

神式では、「仮霊舎（仮の祖霊舎《それいしゃ》＝仏式の仏壇にあたる）」に納めていた「霊璽《れいじ》（仏式の位牌にあたるもの）」を、五十日祭以降に「祖霊舎」に移して安置します。先祖の霊を祀る祖霊舎は、天照大神や氏神などを祀っている神棚より低い位置に祀ります。

キリスト教では亡くなった人を祀るという風習はありませんので、祭壇を必ず設置しなければいけないというものではありません。祭壇を設置する場合は、十字架と燭台、遺影を置き、花を飾ります。

なお、最近では将来的にも仏壇を持たない家も多くなっています。その場合でも、故人を偲ぶものとして、机の上などに遺影や生花を飾って日々の供養をしたいものです。

お墓はこの手順で建てる

■お墓の建て方

納骨をするにはお墓が必要ですが、お墓は墓地埋葬法によって、都道府県の許可を受けた区域外に建立することはできません。このため、お墓がない場合、あるいは新たに建てる場合は、最初に墓地を手に入れる必要があります。墓地には、寺院墓地、公営墓地、民営墓地があり、いずれも、お金を払って墓地として使用する権利（永代使用権）を取得する形になります。寺院墓地はその寺院の檀家になる必要がありますが、最近では、檀家にならなくてもお墓が建てられる公営墓地や民営墓地を利用する人が増えているようです。

墓地は、お墓参りがおっくうにならない程度の距離・交通の便か、日当たりなどの環境はいいか、水汲み場などの墓地内の設備は充実しているか、掃除などの管理が行き届いているか、管理業者がしっかりしているか（民営墓地の場合）などをポイントに、お墓の建立費用も含めた予算との兼ね合いで選びましょう。

お墓にはいくつかの種類があり、「○○家代々の墓」、「先祖代々の墓」などの銘のある合祀墓が一般的です。これは、先祖代々の一族が祀られ、お墓の継承者である子々孫々までの遺骨を納めることができます。ほかにも、故人1人に対して一つのお墓を建てる単独墓（個人墓）や夫婦2人だけが入る比翼塚（夫婦墓）もあります。どの種類のお墓を建てるかは、故人の生前の意思や遺族の気持ちで決めるといいでしょう。

お墓を建てる時期にとくに決まりはありませんが、納骨に間に合うように、あるいは一周忌などの法要に間に合うように建てるケースが多いようです。

■開眼供養のしかた

お墓が完成したら、開眼供養を行ないます。寺院墓地の場合は菩提寺の僧侶に相談し、指示に従います。公営墓地や民営墓地の場合は管理事務所に連絡すれば僧侶の手配をしてもらえます。開眼供養に必要な仏具や供物、供花などは自分で用意しますが、管理事務所でレンタルしてくれる場合もあります。

なお、最近では、墓地を持たない（持てない）場合は、納骨堂・霊廟を墓地代わりに永代納骨するケースも増えています。

神式のお墓は基本的には仏式のお墓と類似していますが、墓石の形は角柱型で線香台がないなどの違いがあります。通常、神社は墓地を設けていませんので、お墓は公営墓地か民営墓地に建てることになります。

キリスト教式のお墓は、芝生の上に白い十字架と敷石、または四角い墓石が一般的です。教会が所有している墓地などに建立します。

最近では、樹木葬や手元供養する人も増えています。樹木葬は、墓石の代わりに樹木（桜、紅葉、ハナミズキなど）をシンボルにし、その周囲に遺骨を埋葬する形式です。基本的に、後継ぎを必要としない永代供養なので、子供に供養で迷惑をかけたくない、供養してくれる子供がいない夫婦、おひとり様が利用するケースが多いそうです。

手元供養は、遺骨の一部をミニ骨壺に納めて部屋に置いてお墓の代わりに供養する、遺骨の一部をペンダントやブレスレットなどのアクセサリー内に納めて身に着けて供養する形式です。

これらは、お墓を建てるのに比べて費用が安い、管理費が不要、基本的に継承者は不要なので無縁になる心配がないなどのメリットがあります。

なお、夫の実家は遠方にあって墓参りが大変、お墓の継承で子供に迷惑をかけたくないなどの場合は、「墓じまい」を検討しましょう。

喪中の年賀欠礼の挨拶状は11月中か12月上旬に発送する

夫を亡くした妻は、喪中ということで翌年の年賀は欠礼します。その旨を知らせる年賀欠礼の挨拶状は、その年の11月中か、遅くても12月上旬には発送します。そのため、11月に入ったら、年賀欠礼の挨拶状の印刷などの手配を行ないます。

ちょうどそのころになると、毎年、年賀状とともに年賀欠礼の挨拶状の印刷を請け負う業者や店舗が現われます。最近では、スーパーやコンビニでも扱っています。

例文を記載したチラシなどを取り寄せて依頼してもいいですし、パソコンなどで手作りしてもいいでしょう。文面は印刷でもかまいませんが、せめて宛て名は手書きしたいもの。切手は、年賀欠礼の挨拶状専用の切手がありますので、それを用いるのが無難です。

もし、年賀欠礼の挨拶状を出さなかった人から年賀状を受け取った場合は、松の内が過ぎてから、年賀状をいただいたことへのお礼と、喪中のために欠礼したおわびを書いた手紙を出します。

経験者から一言…

地元の葬儀社にお願いしたら すべてを取り仕切ってくれました

病院で夫の最期を看取り、これから先、何をどうしていいか、まずは、葬儀をどうするか決めなければなりませんでした。「家族葬」が頭をよぎりましたが、夫の会社や親類のことを考えて一般的な葬儀を営むのがいいと思いました。

夫の叔父に相談すると、地元で古くから営業している葬儀社を手配してくれました。葬儀社では、病院から自宅への遺体の搬送、通夜、葬儀・告別式、納骨、精進落としに至るまでの一連の儀式をすべて取り仕切ってくれました。菩提寺の住職や火葬場に連絡を取って日程も決めてくれましたし、必要な書類の指示や手配もです。

通夜、葬儀・告別式の各係は、夫の会社と地元（親類、隣近所）から出してもらい、それぞれで対応してもらいました。この手配は、夫の会社の上司と夫の叔父が世話役代表をかって出てくれ、各係の割り振りもしてくれました。

夫の一周忌が終わり、亡くなった直後のことを思い返してみると、お葬式は周りの人がほとんどの手配をしてくれ、遺族は指示通りに必要なものを揃え、動けば粛々と儀式が進んでいくものなのだとつくづく思いました。なかでも、葬儀社の人には何から何までお世話になり、お葬式を滞りなく行なうには葬儀社選びが大切なことを実感しました。

（千葉県／K・T／40歳）

第3章

亡き夫に関係する届出と手続き

夫死亡後の事務手続きチェックリスト

チェック欄	事務手続き		期限	窓口（相談先）等
□	住民票	世帯主変更	14日以内	住民登録をしている市区町村役場
□	電気・ガス・上下水道	名義変更	なるべく早く	所轄の電力会社、ガス会社、水道局
□	電話	名義変更	なるべく早く	利用している電話会社
□	住居などの賃貸契約	名義変更・名義承継	なるべく早く	大家または不動産会社、所轄の公団営業所など
□	上記以外で遺族が引き続いて使うもの	名義変更	なるべく早く	各事業社
□	不動産	所有権移転登記	相続確定後なるべく早く	法務局
□	自動車	移転登録	相続確定後なるべく早く	陸運支局事務所
□	金融商品	名義書き換え	相続確定後なるべく早く	銀行、郵便局、証券会社など
□	健康保険証	返却	健康保険の資格喪失手続きは資格喪失日から５日以内となっているのでそれまでに。国民健保は14日以内	勤務先の事務担当者または市区町村役場

チェック欄	事務手続き		期限	窓口（相談先）等
□	運転免許証などの公的な免許証、パスポート、マイナンバーカード	返却	なるべく早く	所轄の役所
□	デパートなどの会員、クレジットカードをはじめとしたカード会員、ＪＡＦなど	退会または解約	なるべく早く	各事業社
□	プロバイダ、携帯電話	解約	なるべく早く	各事業社。遺族が引き続いて使う場合は変更手続き
□	埋葬料、葬祭費の請求		２年以内	年金事務所または市区町村役場
□	遺族年金などの請求		５年以内	年金事務所または市区町村役場
□	高額療養費の請求		２年以内	年金事務所または市区町村役場
□	故人の所得税の準確定申告		４か月以内	税務署。なお、申告の際に医療費控除をし忘れた場合には、以後５年間は還付申告することができる
□	労災保険の請求		遺族給付は５年	労働基準監督署
□	生命保険金などの請求		２年以内〜３年以内	生命保険会社、損害保険会社

スケジュールを立ててから具体的な作業に着手する

■事務手続きの進め方

夫の葬儀・告別式を滞りなくすませたら、そのあとに続く法要を進めながら、夫の身の回りの整理を中心とした事務手続きを行ないます。

その事務手続きは、大きく分けて、名義変更・名義書き換え、返却・退会・解約、お金にまつわることの3種類です。

これらの手続きを効率よく処理するコツは次のとおりです。

①前ページの「夫死亡後の事務手続きチェックリスト」を参考にしながら、わが家の場合のリストを作る。その際、電話連絡ですむこと、電話で書類を取り寄せたあとで郵送すればすむこと、窓口に出向く必要のあることを整理し、また、期限を考慮しながらスケジュールを作り、期限の早い

ものから着手していくようにする。

②窓口が同じ手続きは、できるだけまとめて行なうようにする。

③窓口に出向く必要のある手続きは、何度も足を運ばなくてすむよう必要なもの（書類、印鑑など）を事前に電話などでよく確認しておく。相手先の所定の書類が必要な場合は郵送してもらい、自ら用意する必要のある書類は取り寄せておく。

④公的な書類はすべての手続きに必要な部数を計算し、まとめて取り寄せるようにする。ただし、印鑑証明書などの有効期限のある書類については、手続きを行なう時期に期限切れにならないよう、時期を考慮して取り寄せる。

⑤印鑑が必要な手続きは、どの印鑑でもいいのか、実印・届け出印（夫の）が必要なのかを確認しておく。届け出印が必要な場合は、どれが届け出印なのかを相手先から陰影を郵送してもらうなどで特定しておく。または、手続きに出向くときに、必要になると思われる印鑑をすべて持参する。

では、これから、どのような手続きをどのように進めていけばよいかを個別にみていきましょう。

名義変更・名義書き換え手続きはできることから着手する

夫の名義だったものは、妻を代表とする遺族の名義に変更あるいは書き換える必要があります。その手続きはすぐにできることと遺産相続確定後でなければできないことに分けられます。

■死亡後すぐに手続きできるもの

すぐにできる名義変更の手続きには、①住民票の世帯主変更、②電気・ガス・上下水道などの水道・光熱費および電話、ＮＨＫの受信料、③住居や駐車場などの賃貸契約、④夫が契約者となって家族の誰かを被保険者にして加入していた保険、⑤そのほか遺族が引き継いで使うものがあります。

①は住民登録をしてある役所の窓口へ行って、変更届を提出します。ただし、夫が世帯主でなかった場合は手続きの必要はありません。

②は電力会社、ガス会社、水道局、電話会社、NHKそれぞれに、まず電話連絡をします。口頭で申し出るだけで手続きが完了するものと、書類提出が必要なものがあります。書類提出が必要なものについては、必要書類が相手先の所定のものであれば郵送してもらい、必要事項を書き込んで返送します。

③は大家または不動産会社などの賃貸契約の窓口になっているところへ電話連絡し、必要書類や方法などを確認してから手続きをします。

④は加入している保険会社に電話をし、必要書類や方法を確認して手続きをします。夫自身が被保険者となっている保険の死亡保険金の受け取り手続きについては130ページを参照してください。

⑤はそれぞれの窓口に連絡をして手続き方法の確認を。

②〜⑤で夫の金融機関の口座から自動引き落としにしてあるものは、引き落とし口座の変更手続きも同時に行なうようにしましょう。

これらの手続きのうち、住民票の世帯主変更届の提出期限は14日以内ですが、それ以外はとくに期限はありません。しかし、落ち着いたらできるだけ早く手続きをしましょう。

■遺産相続確定後に手続きするもの

遺産相続確定後、なるべく早く行なう名義書き換えは、不動産、自動車、金融商品類の財産（遺産）関係です。

これら手続きには、相続手続きを簡単にするために誕生した「**法定相続情報証明制度**」による「**法定相続情報一覧図**」を作り、法務省に保管しておいてもらうとラクです。

「法定相続情報一覧図」は、夫が出生してから亡くなるまでの連続した戸籍謄本・除籍謄本と住民票の除票、相続人全員の現在の戸籍謄本または抄本、申出人（相続人の代表となって手続きを進める人）の氏名・住所を確認できる公的書類などを集め、それをもとに作成します。手書きでもかまいませんが、法務局のホームページにエクセルファイルのフォーマットがあるので、それに入力してプリントアウトしてもOKです。この図と、集めた書類、申出書を法務局の窓口に提出します。

申出書には、申出人の氏名、住所、連絡先、亡くなった人との続柄、利用目的、交付を求める通数、申出の年月日を記載する必要があります。申し出る法務局は、亡くなった夫の本籍地または最後の住所地、申出人の住所地、亡くなった夫の名義の不動産の所在地を管轄する法務局のいずれかです。申出人は、表示欄に押した印鑑を持参しましょう。

申出書一式を法務局の窓口に提出すると、1～2週間ほどで、登記官が「法定相続情報一覧図」に認証文をつけたコピーを無料で交付してくれます。相続手続きは、このコピーを利用することで、戸籍謄本などの大量の書類を何度も提出する必要がなくなります。この図は、5年間保存されるので、その間であれば再交付を受けられます。

窓口への提出、再交付は郵送でもできます。その場合、申出書に郵送希望の旨を記入し、返信用の封筒と切手を同封します。

この図の利用範囲は年々広がっており、不動産、自動車、金融商品の他、相続税の申告や保険金の請求手続きなどでも利用できるようになっています。

相続税の申告・納付は夫が死亡してから10か月以内が期限ですから、それまでに遺産分割協議をすませ、「法定相続情報一覧図」を含めた必要書類を揃えた上で手続きを行ないましょう。

相続に関する手続きはシロウトの手に余ることも多いため、弁護士や税理士、司法書士などの専門家に相談しながら進める、あるいは依頼できる部分は依頼するといいでしょう。

なお、相続には故人の債権（貸金）・債務（借金）も関係がありますから、故人の遺品を整理していてこれらの存在を証明する書類が見つかった場合は保存・整理しておき、そのほかの遺産相続の手続きと一緒に処理しましょう。

■「デジタル手続法」で相続手続きが簡単になる⁉

「デジタル手続法案」が成立して施行されれば、相続手続きも、パソコンやスマートフォンを使って、家に居ながらにしてできるようになるかもしれません。

これは、IT技術を活用し、行政手続きなどの利便性の向上や行政運営の簡素化・効率化を図ることを目的に、必要な事項を定めるとともに、各種施策を講じるものです。その柱は、次の3つです。

(1)個々の手続き・サービスが一貫してデジタルで完結する「デジタルファースト」

(2)一度、提出した情報は二度提出することを不要とし、行政手続きのさまざまな添付書類の撤廃を目指す「ワンスオンリー」

(3)引っ越しや結婚、介護、死亡といったライフイベントに関する手続きのワンストップ化を推進する「コネクテッド・ワンストップ」

この法案が成立して運用されるようになると、さまざまな行政手続きが簡単になります。

返却・退会・解約手続きは速やかに

夫が死亡したら、夫が加入・利用している諸々の制度から離脱させる手続きが必要です。これらの手続きには、公的なものと私的なものがあります。

■公的なものの手続きは？

公的なものは、健康保険証、マイナンバーカード、パスポート、自動車の運転免許証を代表とする各種免許証類の返却作業です。

健康保険証の返却は111ページで説明する埋葬料・葬祭費の請求作業と一緒に手続きを行ないます。マイナンバーカードは、市区町村の窓口に「個人番号カード返納届」を添えて返納します。「通知カード」を利用していたら、それも返納します。

パスポートは有効期限が10年のものもあり、紛失などして悪用されないようにするためにも返却手続きが必要です。

運転免許や調理師免許などの各種免許証類は、有効期限のあるものは更新手続きを行なわなければ切り替え時に自然消滅しますので、わざわざ返却手続きをする必要はないともいえます。しかし、有効期限のないものも含めて、それぞれの発行元へ返却するのが原則です。

■私的なものの手続きは？

私的なものについては、①夫が勤務していた会社や機関などから発行されている身分証明書の返却、②デパートの友の会や健康クラブ、ＪＡＦ、クレジットカードなど各種会員制度や民間資格制度の退会、③インターネットのプロバイダや携帯電話の解約に関する手続きがあります。

①は葬儀後に夫の勤務先へお礼のあいさつに出向くときに持参して返却をします。

②はそれぞれの制度を実施している会社や機関へ連絡をして必要書類を取り寄せたうえ、手続きを行ないます。とくに、年会費がかかるものや紛失などして悪用されるおそれがあるものについては、なるべく早く手続きをしましょう。

③は遺族が継続して使用する場合は名義変更の手続きを、使用しない場合は解約の手続きをします。

健康保険から埋葬料・葬祭費がもらえる

健康保険の被保険者だった夫が亡くなった場合、健康保険からお葬式代を援助してもらえます。そのお金でお葬式代のすべてはとても賄えるものではありませんが、微々たる金額でもないよりはましです。忘れずに請求手続きをしましょう。

さて、健康保険の代表的な種類は、会社員が加入している協会けんぽまたは健康保険組合（公務員は共済組合に加入しており、給付内容は会社員とほぼ同じ）と、自営・自由業者などが加入している国民健康保険です。協会けんぽまたは健康保険組合から給付されるお金を「埋葬料」、国民健康保険から給付されるお金を「葬祭費（自治体によって埋葬料、葬祭の給付など呼び方は異なる）」といいます。

■埋葬料

埋葬料は、亡くなった人の生前の給料（標準報酬月額）にかかわらず5万円（組合によっては、別途付加給付あり）が給付されます。請求窓口は、夫の勤務先の担当部署または健康保険組合（夫が公務員の場合は共済組合）です。夫の保険証の返却手続き（資格喪失手続き）と、この埋葬料の請求手続き、そして、妻の国民健康保険への加入手続き（妻が夫の扶養家族だった場合）を同時に行ないます。

このあとで触れる遺族厚生年金の請求手続きは、年金事務所で行ないます。夫の勤務先でこれらの手続きを教えてくれたり、社会保険労務士を紹介してくれたりすることもあります。

なお、会社員の場合は埋葬料以外に、労働組合などからもさまざまな名目で弔慰金や補助金などが支払われるところもあります。これらについて、葬儀が終わったあとに夫の会社にあいさつに行く前に確認し、必要書類を揃えてから訪問するといいでしょう。

■葬祭費

葬祭費として給付される金額は、国民健康保険を運営している自治体によって異なり、3万～7万円程度です。また、自治体によってはほかの名目で補助金などを給付している場合もありますので役所で確認を。請求窓口は、役所の国民健康保険課または支所です。この請求手続きを行なうときに、夫の保険証の返却手続き（資格喪失手続き）と世帯主を妻に変更する手続きも同時に行ないます。また、このあとで触れる遺族基礎年金（または寡婦年金、死亡一時金）の請求手続きは窓口は違うものの同じ役所ですから、何度も出向かなくてすむようまとめて手続きするようにしましょう。

埋葬料、葬祭費ともに夫が亡くなった日から2年以内に請求をしないと、時効により権利が消滅します。

■災害弔慰金

健康保険からの給付ではありませんが、地震や津波、台風などの自然災害で被害が一定以上の規模だった場合、「災害弔慰金」が支給されます。配偶者・子・父母・孫・祖父母が受給でき、支給額は生計維持者の死亡で500万円、それ以外の人の死亡で250万円です。請求手続きは市区町村の担当窓口で行なってください。

遺族年金などの給付を受けるための手続きはこうする

■遺族給付のしくみ

公的年金制度には、被保険者（夫）が死亡した場合、遺族の生活保障のための遺族給付（年金や一時金）があります。亡くなった方によって生計を維持されていた遺族が受けられるのが遺族年金です。ここでは、妻と子供を対象とした遺族給付について説明します。なお、遺族給付の中には妻の収入制限や子供の年齢制限があるものもあり、必ず給付されるものではありません。

夫が加入している公的年金制度は職業によって異なり、会社員・公務員は厚生年金＋国民年金、自営・自由業者（失業中で無職、アルバイト、厚生年金に加入していないパート勤務も含む）は国民年金に加入しており、それぞれの制度から遺族給付が行なわれます。ただし、国民年金に加入を義務づけられているのに加入していない場合、あるいは保険料を一定期間滞納している場合は、当然遺族給付は受けられません。

まず、夫が会社員・公務員だった場合に受けられる遺族給付についてですが、これは、内容的にはほぼ同じなので、会社員の場合で説明します。

■夫が会社員・公務員の場合

会社員の夫が亡くなった場合、厚生年金から給付される遺族厚生年金と国民年金から給付される遺族基礎年金がありますが、それぞれ給付を受けるためには要件があります。

遺族厚生年金が給付される要件は次のとおりです。

①厚生年金に加入していた本人が在職中に亡くなった場合
②厚生年金に加入していたときの病気やケガが原因で、初診日から5年以内に亡くなった場合
③老齢厚生年金の給付を受けられる資格を満たしていて、給付を受けないまま亡くなった場合
④老齢厚生年金の給付を受けている人が亡くなった場合
⑤1級または2級の障害厚生（共済）年金の給付を受けている人が亡くなった場合

遺族厚生年金にプラスして、遺族基礎年金も給付されるには、18歳未満の子（1級または2級の障害がある子は20歳未満）がいるという要件が必要です。遺族厚生年金は妻が死

亡するまで給付されます（ただし、夫死亡時に子供のいない30歳未満の妻の給付期間は5年間となる）が、遺族基礎年金が給付されるのは子供が18歳（1級または2級の障害がある子は20歳）になった年度末までです。子供がこの年齢に達して遺族基礎年金の給付が停止されたとき、妻の年齢が40歳以上65歳未満なら、40歳から64歳まで遺族基礎年金に代わって「中高齢寡婦加算」が給付されます。中高齢寡婦加算は、もともと子供のいない夫婦で、夫死亡時に妻が40歳以上だった場合にも、40歳から64歳まで給付されます（206ページの図参照）。

■請求手続きのしかた

遺族厚生年金と遺族基礎年金の請求手続きの窓口は、最寄りの年金事務所です。このほか、勤務先経由で夫の厚生年金被保険者資格喪失手続きと、年金事務所または市区町村役場で、妻の年金の種別変更手続きも行ないます。妻の年金の種別変更が必要なのは、妻が夫の扶養家族だった場合（これを第3号被保険者という）です。妻自身が会社員または公務員の場合（これを第2号被保険者という）や、自営・自由業者の場合（これを第1号被保険者という）は種別変更の手続きは必要ありません。

なお、夫の勤務先で手続きを代行してくれる場合もありますので、総務などの担当部署に確認をしましょう。

■夫が自営業・自由業の場合

次に夫が自営業・自由業者だった場合ですが、国民年金から、遺族基礎年金、寡婦年金、死亡一時金のいずれかが給付されます。

遺族基礎年金の給付要件は、会社員の場合の遺族基礎年金と同じで、18歳未満の子（1級または2級の障害がある子は20歳未満）がいること。子供はすでにこの年齢に達している、あるいはそもそも子供はいない場合は遺族基礎年金は給付されません（会社員の妻が給付される中高齢寡婦加算もなし）。そして、給付されるのは子供が18歳（1級または2級の障害がある子は20歳）になった年度末までです。

遺族基礎年金の給付が受けられない場合は、寡婦年金か死亡一時金のどちらかを選ぶことになります。

寡婦年金は、国民年金の保険料納付済み期間と免除期間を合計して10年以上ある夫が年金（老齢基礎年金、障害基礎年金）をもらわずに亡くなった場合、妻に給付される年金です。ただし、妻なら無条件で給付されるというわけではありません。亡くなった夫と生計をともにしていて、しかも、10年以上の継続した婚姻期間のある妻に限られます。また、すぐに給付されるものでもなく、妻が60歳になってから65歳になるまでの最長5年間です。

寡婦年金の給付要件を満たさない場合は、残る死亡一時金を選択するしかありません。これは、夫が第1号被保険者として3年以上保険料を納めていて、年金（老齢基礎年金、障害基礎年金）をもらわずに亡くなった場合に遺族（生計をともにしていた妻、子、父母、孫、祖父母または兄弟姉妹の順）に給付されるというもの。給付される一時金は、保険料を納めていた期間によって変わります。

■請求手続きのしかた

これらの請求窓口は、居住地の役所の国民年金課で、夫の国民年金の資格喪失手続きと一緒に行ないます。夫が自営・自由業者だった場合（これを第1号被保険者という）、妻も第1号被保険者かまたは第2号被保険者ですから、妻自身の年金の種別変更手続きは必要ありません。

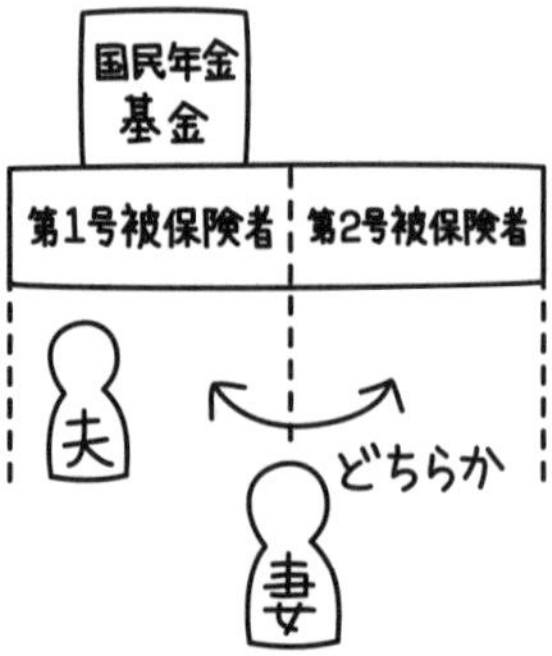

遺族年金などの請求手続きで窓口に出向いた際、給付される金額のおおよその目安と、給付が開始される時期を確認しましょう。これは、これからの生活設計を考えるうえで、知っておいたほうがいい情報です。

これらの請求手続きをよもや忘れることはないでしょうが、夫が亡くなってから5年以内に請求すれば、年金類はさかのぼって給付されます。5年をすぎてから請求した場合は、5年をすぎた分だけが時効になり権利が消滅します。死亡一時金に関しては2年以内に請求しないと時効を迎えます。

なお、ショックのあまり寝込んでしまったなどの何らかの事情で妻が手続きを行なうために窓口に出向くことができず、代わりの者が手続きを行なう場合は、妻自身の直筆の委任状が必要です。どのような書式の委任状が必要か、事前に窓口に問い合わせて用意するようにしましょう。

夫が自然災害や事故で行方不明になった場合、遺族年金の請求はどうなるのでしょうか?　飛行機や船舶などの事故は生存確率が低いため、3か月経過すると、行方不明になった日に死亡したものと推定して請求が可能になります。それ以外の場合は、1年経過後です。

医療費がかさんだら高額療養費の請求手続きを行なう

■健康保険のしくみ

夫が病気またはケガで健康保険を利用して治療をした場合、**自己負担した医療費が一定額を超えたら高額療養費制度により、超えた分は支払わなくていいことになっています。**

健康保険は、会社員・公務員が加入している健康保険と自営・自由業者（失業中で無職、アルバイト、健康保険に加入していないパート勤務も含む）が加入している国民健康保険に大別されます。

ともに、健康保険が適用される治療や投薬を受けた場合の医療費の自己負担割合は3割（小学校入学後から69歳）です。わざわざ〝健康保険が適用される治療や投薬を受けた場合〟とことわっているのは、健康保険が適用されない治療や投薬を受けた場合の医療費は全額が自己負担になるからです。また、健康保険が適用される治療や投薬しか受けなかったとしても、差額ベッド代や入院中の食事療養費、その他諸雑費は全額が自己負担になります。

健康保険の高額療養費制度は、３割の自己負担が高額になりすぎないようにするために設けられている制度です。たとえば、健康保険を利用した治療や投薬を受けてトータルで１００万円かかった場合、３割の30万円を自己負担することになります。この自己負担額が一定額を超えたら、高額療養費制度が適用され、超えた分は支払わなくていいということです。

また、高額療養費の自己負担限度額に達しなくても、同じ人が同じ月に２つ以上の医療機関にかかり、それぞれ2万１０００円を超えるものが2件以上あったときは、合計して自己負担限度額を超えた金額が支給されます。１つの世帯で同じ月に2万１０００円以上を超えるものが2件以上あった場合も同様です。ただし、70～74歳の人がいる世帯では算定方法が異なります。

なお、同じ世帯で1年間（直近12か月）に3回以上、高額療養費の支給を受けている場合は、多数該当として、４回目からは自己負担限度額が変わります。

■高額療養費の計算のしかた

ここまで述べてきた一定額は、所得に応じて5段階に区分されており、その計算式は次

◆高額療養費（70歳未満、平成30年8月〜令和元年7月）

(1)年収約1,160万円以上
25万2600円＋(医療費の総額－84万2000円)×1%

(2)年収約770万円〜約1,160万円
16万7400円＋(医療費の総額－55万8000円)×1%

(3)年収約370万円〜約770万円
8万100円＋(医療費の総額－26万7000円)×1%

(4)年収約156万円〜約370万円
5万7600円

(5)住民税非課税世帯
3万5400円

ページの図のとおり（70歳未満の場合）です。医療費の総額とは、3割の自己負担額を含めた実際にかかった医療費全額（10割）の金額をいいます。

計算例を一つあげておきましょう。年収約700万円の会社員が15日間（同月内とする）入院して医療費の自己負担額として27万円支払った場合は、次のようになります。

8万100円＋（90万円－26万7000円）×1％＝8万6430円

医療機関に27万円支払っても、18万3570円が高額療養費として支給され、最終的に自己負担する医療費は8万6430円ですむことになります。もちろん、この金額以外にも、差額ベッド代

のかかる部屋に入院していた場合は差額ベッド代、入院中の食事療養費などは別にかかります。

また、治療が長引いて高額療養費に該当する医療費を、その月を含めて過去12か月の間に4回以上支払った場合は、4回目からは(3)・(4)は4万4400円、(2)は9万3000円、(1)は14万100円、(5)は2万4600円を超えた分が払い戻されます。

高額療養費の受け方には、70歳未満の場合、入院・通院ともに、現物給付と払い戻し（現金給付）があります。前者は、加入している公的健康保険から「限度額適用認定証」を取り寄せて病院窓口に提出すれば、窓口での支払いは自己負担限度額でいいという方法です。後者は、病院窓口でいったん3割の自己負担分を支払い、あとで差額分の払い戻しを受ける方法です。

通常の確定申告と同じように、故人の準確定申告を行なう

■準確定申告とは？

所得税は生きている人だけが負担するものではなく、亡くなった人も亡くなった日までに得た所得から所得税を負担する義務があります。

所得税の確定申告は、毎年1月1日から12月31日までの1年間に得た所得を計算し、それに対する所得税を翌年の2月16日から3月15日（土日・祝日があると日程がずれる）までの間に税務署に申告することになっています。

これに対して、亡くなった人の確定申告の場合は、1月1日から亡くなった日までの所得を計算して、**相続開始を知った日の翌日から4か月以内**に税務署に申告することになります。これを、本来の確定申告に準ずるということで「準確定申告」といいます。

準確定申告には、本来の確定申告と同じように所得から控除できるものがあります。医療費、社会保険料、生命保険料、損害保険料などの各種控除の対象になるものですが、1

月1日から亡くなった日までに支払った金額が控除額の計算のもとになります。ですから、本来の確定申告と同様に、各種控除の計算を行なったうえで準確定申告を行ないます。

◆医療費控除額の求め方

支払った医療費の総額（①）－ 保険などで補てんされた金額（②）－ 10万円または所得の5％（③）＝医療費控除額（最高200万円）

■医療費控除額の計算のしかた

ではここで、準確定申告をする際に最も金額が大きくなると思われる医療費控除について触れておきましょう。

医療費控除とは、1月1日から12月31日までの1年間（または1月1日から亡くなった日まで）に支払った医療費が10万円（所得が200万円未満の人は所得の5％）を超えた場合、年末調整（会社員の場合）または確定申告（準確定申告）の際に一定金額が所得から控除されるというものです。

医療費控除額の計算は、上の図のように行ないます。

①には医療機関に支払った治療費や薬代、薬局で購入した薬代、通院のための交通費、治療のための医療器具代なども含まれます。

②には、健康保険から払い戻された高額療養費、生命保険・損害保険・共済などから医療費の補てんを目的として支払われた入院給付

金・傷害費用保険金などが含まれ、これらの補てん金は支払った医療費の額から差し引きます。

③は、通常は10万円ですが、所得が200万円未満の人は所得の5％です。※

準確定申告を行なうことで故人（夫）の所得税が確定したら、**その所得税は相続人が支払う**ことになります。所得税は相続人の相続財産から債務としてしっかり控除されます。逆に、所得税を支払いすぎていたら還付されます。

準確定申告の窓口は税務署ですから、住所地を管轄している税務署に電話で必要書類を郵送してもらうか、直接窓口を訪ねて必要書類をもらうかしましょう。このとき、各種控除についてわからないことがあった場合は確認しておけば、手続きをスムーズに運べます。

もし、夫が長患いをしていたなどで所得がない場合は、準確定申告をしなくてもかまいません。準確定申告は所得税を確定するために行なうもので、そもそも所得がなければ所得税は発生せず、発生しない所得税を確定するための手続きをしても意味がないからです。

また、夫に所得があったとしても、その所得が所得税のかからない範囲で、所得税を源泉徴収されていなければ、準確定申告をする必要はありません。一方、所得税を源泉徴収されていた場合は所得税を払いすぎているケースが多いですから、準確定申告を行なうことで所得税の還付が受けられますので手続きをしましょう。

※なお、この医療費控除は、スイッチOTC医薬品購入費のセルフメディケーション税制といずれか有利なほうを控除できます。

夫が業務上の災害などで死亡した場合は労災の手続きも必要！

■労災保険の対象となる死亡とは？

夫が業務上や通勤途上の災害や病気が原因で死亡した場合は、労災保険（労働者災害補償保険）からの遺族給付があります。この遺族給付を受けるには、死亡に至った原因となる災害や病気が業務上・通勤途上であると認められることが必要です。

たとえば、工場や事務所などの施設内にいて仕事中であれば、原則として業務上と認められます。でも、同じ施設内にいても、休憩中や就業後のプライベートな行為による事故など、仕事中でなければ原則として業務上とは認められません。通勤途上もしかりで、勤務先に届け出てある通勤ルートをたどっている最中の事故や病気は原則として通勤途上と認められますが、プライベートな用事で通勤ルートを外れて寄り道しているときの事故や病気は原則として通勤途上とは認められません。

つまり、労災保険の遺族給付を受けるには、ひとえに**業務上・通勤途上であるかが最も**

重要な点になるということです。これは、地震や津波などの自然災害に遭遇して死亡した場合も含まれます。もし、行方不明になった場合は、1年後に死亡とみなされて遺族給付の請求ができます。

■給付額はいくらか？

さて、業務上・通勤途上と認められた場合には葬祭料と遺族補償給付（通勤災害の場合、葬祭給付と遺族給付）が受けられます。

葬祭料は、亡くなった人の葬祭を行なった人に給付されるもので、通常は遺族補償給付を受ける人がもらうことになります。でも、実際の葬祭を行なったのが親類や友人、知人、縁故者だった場合は、その人に給付されます。給付額は31万5０００円に、故人の給付基礎日額の30日分をプラスした額（その額が給付基礎日額の60日に満たない場合は60日）です。

遺族補償給付には、遺族補償年金と遺族補償一時金の

2種類がありますが、遺族補償年金を給付するのが原則です。遺族補償一時金は、遺族補償年金を受けるにふさわしい遺族がまったくいないか、または、遺族補償年金を受けていた受給権者が最後の順位者まですべて権利を失った場合（たとえば、妻が再婚した、18歳未満の子・孫が18歳になった年度末を過ぎたなど）に、すでに給付された遺族補償年金額および遺族補償年金前払一時金の合計額が給付基礎日額の1000日分に満たない場合に限って給付されます。

遺族補償年金の給付が受けられるのは、故人の死亡当時に故人の収入によって生計を維持していた配偶者、子供、父母、孫、祖父母および兄弟姉妹で、優先順位もこの順です。遺族補償年金には、遺族の人数によって金額が異なる遺族補償年金と遺族特別年金があります。さらに、遺族の人数にかかわらず、一律300万円の遺族特別支給金も給付されます。遺族厚生年金や遺族基礎年金など、そのほかの遺族年金と併給されますが、併給される年金の種類に応じて併給調整（つまり、減額）されます。労災保険の遺族給付の請求窓口は、所轄の労働基準監督署です。

なお、公務員が業務上や通勤途上の災害や病気で死亡した場合は公務災害といい、労災保険の遺族給付と同じような補償があります。請求窓口は各所属省庁の担当課または共済組合です。

保険の請求手続きのしかた

■加入していた保険をチェック！

ほとんどの人は何らかの保険に加入しているはずですから、夫の死亡後は、保険金などの請求手続きを行ないます。

まず、家族全員が加入している保険証券を取り出し、夫が被保険者、妻または子供が死亡保険金の受取人になって加入している保険証券をピックアップします。加入している保険としては、生命保険（かんぽ生命含む）、損害保険、かんぽ（郵便局で、平成19年9月までに入った生命保険）、共済、勤務先の団体保険が考えられます。

受け取れる保険金などの種類は、病気やケガなどで入院・手術をしていたらそれらの給付金と死亡保険金です。ただし、

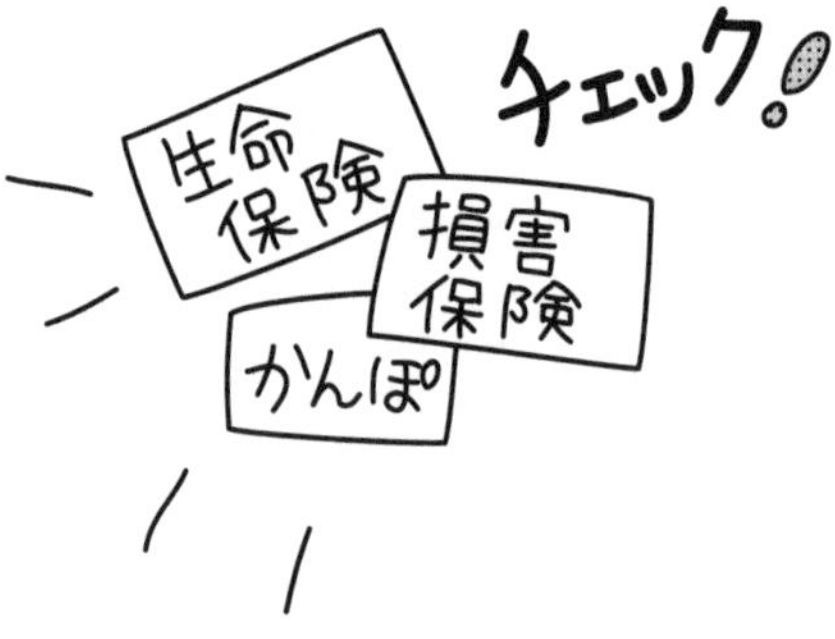

損害保険は、加入していた保険種類が傷害保険と名のついているものの場合は、原則的に災害（自然災害や事故）による補償しかありませんので、入院や死亡の原因が病気であれば保険金は支払われません。ただし、念のため、保険金などが支払われるかを確認してみるといいでしょう。

■保険金をもらうには？

請求手続きは、加入している保険会社・機関それぞれに連絡を取ることから始めます。保険会社に事前に確認することと必要書類は左表を参照してください。

◆保険会社に連絡する前に確認すべきこと

- 証券番号
- 被保険者の氏名
- 亡くなった日
- 死因
- 死亡保険金受取人の氏名

◆保険請求に必要な書類

- 死亡保険金請求書
- 保険証券
- 死亡診断書（死体検案書）
- 住民票（被保険者の死亡の記載があるもの）
- 印鑑証明書（受取人のもの）
- 戸籍抄（謄）本（受取人のもの）

必要書類が揃ったら、会社・機関に郵送するか、営業職員に来てもらって手渡しします。また、窓口に直接提出してもいいでしょう。

郵便局で入った保険の場合は、必要書類が揃っていれば、最寄りの郵便局の窓口ですぐに支払ってくれます。そのほかの会社・機関では書類が届いてから原則、5営業日以内に指定口座に振り込まれます。ただし、加入（あるいは復活）してから2年以内の病死の場合は、その原因が告知義務に違反していないか、事故死の場合は、その原因が故意（あるいは重大な過失）によるものではないかを確認するため、支払いが少し遅れることもあります。告知義務違反や故意または重大な過失があったと判断された場合は、会社・機関から保険金などの支払いを拒まれることもあります。

また、これらの理由以外に、免責事由に該当する場合も保険金などは支払われません。免責事由とは、保険会社・機関が保険金などを支払わなくてもいい特定の理由のことで、加入（あるいは復活）してから一定期間内（1～3年など会社・機関によって異なる）の自殺、保険金受取人が故意に被保険者を死亡させた場合（俗にいう保険金詐欺のこと）などが代表的な免責事由です。

保険金などを請求する権利には時効がありますので、手続きはなるべく速やかに行ないましょう。ちなみに、時効成立までの原則的な期間は、生命保険は3年、ＪＡ（農協）共済や全労済の共済、損害保険は2年です。

夫が会社員で勤務先の団体保険に加入していた場合は、勤務先に対して請求手続きを行ないます。団体保険の場合、夫本人が知らない間に加入しているケースもありますので、そのような保険に加入していたかどうかも勤務先に確認しましょう。

また、夫が住宅ローンを借りている家庭は、団体信用生命保険に加入しているかを調べましょう。この保険に加入していれば、住宅ローンの残債は保険金で返済されますので、遺族が住宅ローンを払い続ける必要はありません。請求窓口は住宅ローンを借りている金融機関です。なお、保険会社・機関から受け取ったお金のうち、夫が生前に受け取った入院・手術給付金は非課税ですが、生命保険の死亡保険金は契約内容によって相続税、所得税（一時所得）、贈与税のいずれかの課税対象になります（158ページ参照）。

保険会社に
連絡する前に
確認しておかな
くちゃ

経験者から一言…

相続手続きに「法定相続情報一覧図」を作りました

夫の49日の法要が終わり、悲しみも癒えてきたので、そろそろ相続手続きをしなければと思っていたところ、友人から「法定相続情報一覧図」を作っておくといいと教えてもらいました。

調べてみると、夫名義の不動産（自宅）や預貯金、株式・投資信託などの有価証券の名義変更手続き、保険金の請求・名義変更などに幅広く使えるとのこと。

夫の遺産はたいした金額ではありませんでしたが、複数の銀行や証券会社と取引がありました。生命保険金も少額ですが、２社と契約していました。それぞれの金融機関に、相続関係を証明する「戸籍一式」を提出するのは大変だと思い、この一覧図を作ることにしました。

相続人は、妻の私と息子（23歳）の２人なので、私たちの戸籍謄本などは簡単に揃えられそうですが、出生までさかのぼって夫の戸籍謄本を揃えるのは難しそうでした。そこで、必要書類の収集と一覧図の作成、法務局への届け出、そして、自宅の名義変更手続きを司法書士にお願いしました。

一覧図の写しは、余裕をみて10通取ってもらい、金融機関の相続手続きと保険会社への入院給付金・死亡保険金の請求に使いました。「戸籍一式」が一覧図1枚ですんでラクでした。

（埼玉県／Ｆ・Ｍ／53歳）

第4章

遺言の確認と遺産相続のすすめ方

相続関係のスケジュール

死亡

← 死亡届の提出（死亡を知った日から7日以内。市区役所・町村役場へ）

7日以内

← **法定相続人の調査**
被相続人の戸籍簿・除籍簿・原戸籍簿等から、法定相続人を確定⬇148ページ
「法定相続情報証明制度」も利用できる⬇154ページ

← **遺産の調査**
負債も含めた相続財産を調べる⬇156ページ

← **財産目録の作成**
評価額を含め、財産を一覧にした目録を作成⬇172ページ

← **相続の放棄・限定承認**
もし相続の放棄や限定承認をする場合は、相続開始後3か月以内に手続きを行なう⬇169ページ

3か月以内

準確定申告
死亡から4か月以内に亡くなった夫の所得税を申告

4か月以内

←

遺産分割協議
相続人で相続財産をどのように分割するかを協議する⬇173ページ

←

遺産分割協議書作成
名義変更や相続税申告の際に必要となる⬇175ページ

←

名義変更
預貯金や不動産などの名義変更を行なう「法定相続情報一覧図」を作ってあれば、名義変更がラク⬇154ページ

←

相続税納税、延納や物納
死亡から10か月以内に相続税を申告し、納税する。延納や物納も申告期限までに申請、許可を受ける必要がある⬇187ページ

10か月以内

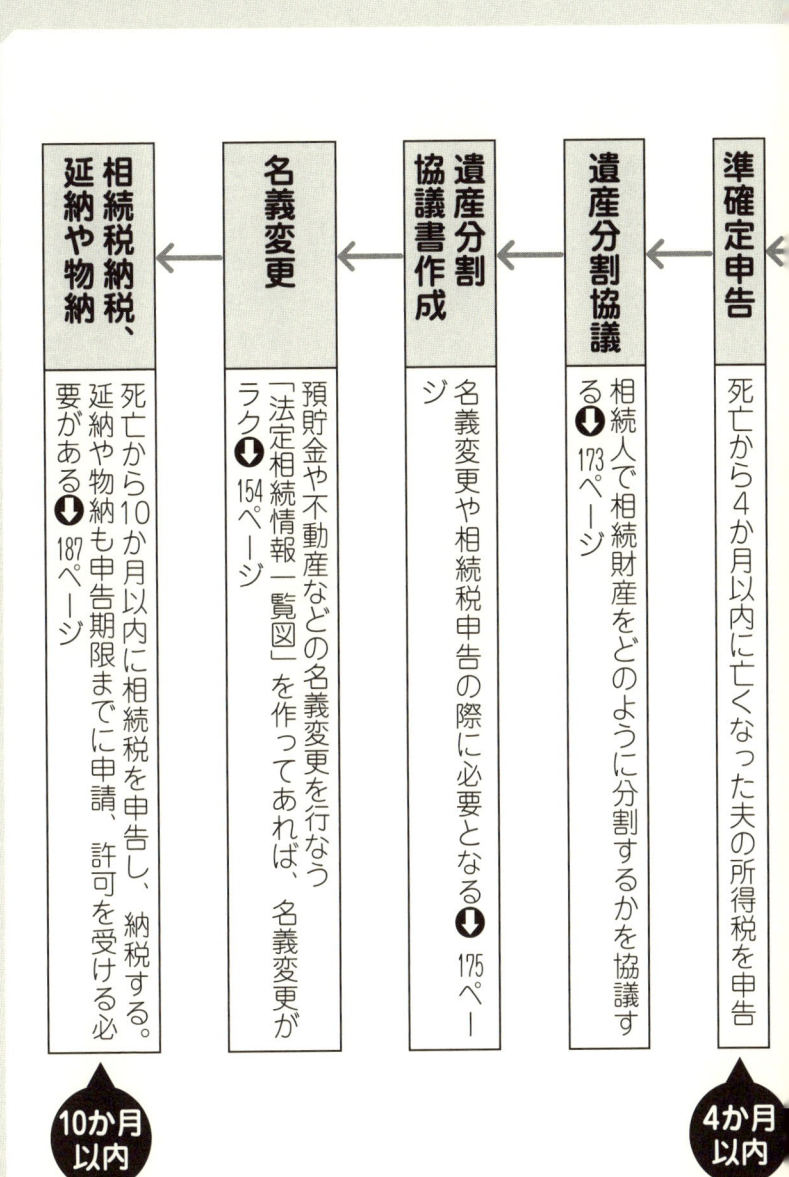

遺産相続の大まかな流れとスケジュール

■遺産相続の手続き

通夜や葬儀が終わると、ひと段落する暇もなく、「遺産相続」という大仕事が待っています。所定の期限内に手続きをしないといけないものもあるため、ある程度、全体の流れを押さえておきましょう。

ちなみに、相続は人が死亡したことによって開始しますが、ほかにも、たとえば「失そう宣告」のような法的に死亡とみなされる場合にも相続が開始します。失そう宣告とは、一定期間（通常は7年）、所在および生死が不明な人を家族などの請求に基づき、死亡したものとみなす制度です。

相続関連で、期限が決められている主な手続きには次のようなものがあります。

〈相続放棄・限定承認〉……3か月以内

相続人が財産・債務とも一切の相続を受けないことを「相続放棄」といいます。遺産相続を何らかの理由でしたくない場合や、借金（マイナスの財産）がプラスの財産より多い場合などに行ないます。また、プラスの財産の範囲内で負の財産を承継することを「限定承認」といいます。いずれも、相続開始を知った日から3か月以内に家庭裁判所に申請することが必要になります。

〈準確定申告〉……4か月以内

亡くなった人に給与所得や不動産所得などがあって確定申告が必要な場合、その年の1月1日から死亡の日までの期間の所得を相続開始を知った日の翌日から4か月以内に確定申告（準確定申告といいます。124ページも参照）をしなければなりません。相続人全員で申告を行なう義務があります（実際は相続人の代表が行ないます）。

なお、確定申告すると、源泉徴収されていた所得税が還付されるケースも多いようです。夫が病気で亡くなった場合には、医療費控除の申告も忘れずに。

〈相続税の申告・納付〉……10か月以内

相続税が発生する場合は、相続開始を知った日の翌日から10か月以内に相続税の申告・納付をしなければなりません。そのためには、申告期限までに遺産分割協議が相続人の間で調っていることが前提になります。また、延納や物納も申告期限までに申請して許可を受けなければなりません。

遺言を見つけたらどうする？

■遺言書の有無を確認しよう

遺贈《いぞう》とは遺言によって相続人やそのほかの人に財産を取得させることをいいます。遺言によって財産を与えた人を「遺贈者」、財産をもらった人を「受遺者」といいます。

相続では、法定相続よりも遺言による相続のほうが優先されることになっています。**遺言書は、法的効果をもたらす重要な書類**なのです。そのため、夫が亡くなったあとにまずしなくてはいけないことが、遺言書の有無の確認です。

遺言書は、所定の書式さえ満たしていれば、親族以外への財産分与も法的に有効です。ただし、相続人全員の同意があれば、遺言に従わないことも可能です。

遺言書は、後述するように3タイプあります。「公正証書

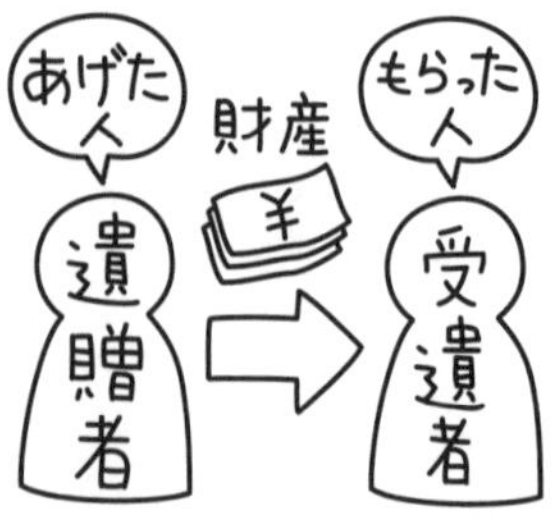

◆遺言書があったときの相続手続きの流れ

死亡		
↓		
死亡届の提出（死亡を知った日から7日以内。市区役所・町村役場へ）		7日以内
↓		
遺言書有無の確認		
↓		
相続人に通知	相続人に遺言書があることを報告	
↓		
遺言書の検認	遺言書を家庭裁判所に持って行き、検認・開封を請求（公正証書遺言、公証役場保管の自筆証書遺言は検認不要）➡ 144、147ページ	
↓		
遺言執行者の選任	遺言書の内容を執行する遺言執行者を決める➡ 147ページ	
↓		
財産目録の作成	財産を一覧にした目録を作成➡ 172ページ	
↓		
相続の放棄・限定承認	もし相続の放棄や限定承認をする場合は、相続開始後3か月以内に手続きを行なう➡ 169ページ	3か月以内
↓		
準確定申告	死亡から4か月以内に亡くなった夫の所得税を申告	4か月以内
↓		
遺言の執行	遺言書のとおり財産分与・名義変更する	
↓		
相続税納税、延納や物納	死亡から10か月以内に相続税を申告し、納税する。延納や物納も申告期限までに申請、許可を受ける必要がある	10か月以内
↓		
遺留分減殺請求	遺言によって遺留分未満の財産しかもらえなかったときは、遺留分を侵害した相手に対して原則、1年以内に「遺留分減殺請求（遺留分侵害額の請求）」を行なうことで、これを取り戻すことができる➡ 166ページ	1年以内

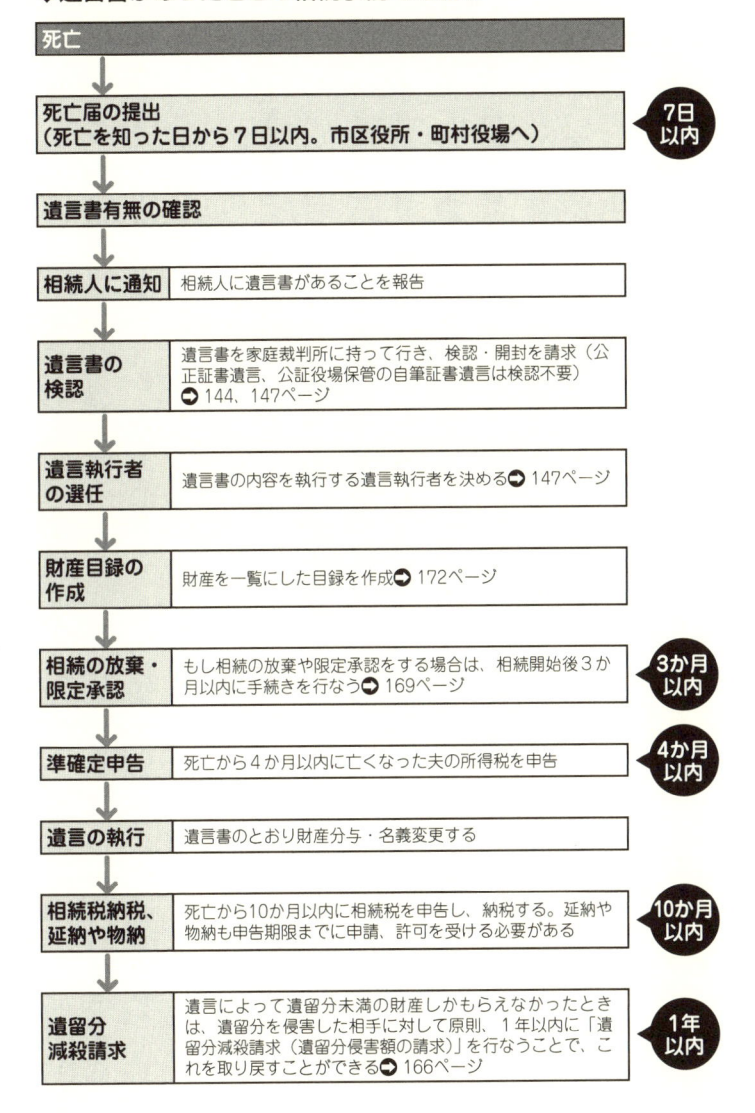

遺言」と「秘密証書遺言」であれば遺言書の存在がわかりますが、「自筆証書遺言」の場合は、遺言書を作成したことを妻にも告げていないことが往々にしてあり、その有無は急ぎ確認する必要があります。遺言書があとから見つかると、内容によっては遺産分割協議をやり直すことにもなりかねませんので、きちんと確認しましょう。

■遺言書を見つけても開封しない

夫の遺言書が見つかったときは、開封せずに家庭裁判所に提出し、検認を請求しなければなりません。封印のある遺言書は家庭裁判所で相続人等の立ち会いのもとで開封します（「公正証書遺言」を除く）。これが遺言書の「検認」（↓147ページ）といわれるものです。具体的には、検認に先がけて、相続人の代表者が「検認の申立書」を家庭裁判所に提出します。後日、裁判所より指定された日に、相続人等が出向きます。

ちなみに、裁判所以外で開封をすると「5万円以下の過料」（罰金の一種）があるようですが、検認はしてもらえます。ただし、遺言書を破ったり、隠したり、あるいは勝手に変更を加えたりなどしたことがわかると、「欠格者」（↓153ページ）となって相続人からはずされますので、注意しましょう。

知っておこう、遺言の方式

夫が残した遺言を正しく知るためにも、遺言の方式について簡単に押さえておきましょう。遺言は、民法の規定に基づき、「普通方式」と「特別方式」の二つに分けられます。「特別方式」には「一般危急時遺言（臨終遺言）」と「遠隔地遺言」があり、死が間近に迫った人や特別な事情におかれた人のための遺言です。通常、作成されるのは「普通方式」で、それには「自筆証書遺言」「公正証書遺言」「秘密証書遺言」の三つがあります。それぞれの特徴は次のとおりです。

〈自筆証書遺言〉

遺言者が財産目録以外の遺言の全文を自書し、署名、押印をすることによって作成する方法です。筆記用具や用紙にはとくに制限はありませんが、代筆では効力はありません。2019年1月13日からは、財産目録のみパソコン等で作成したり、あるいは通帳等のコピーを目録とすることもOKになりました。

遺言書には日付、氏名、押印が必ず必要です。日付は「○歳の誕生日」など年月日まで特定できるものは有効ですが、「平成○年1月吉日」のように特定できないものは無効です。

裁判所の検認が必要となるのも特徴です。修正は、押印をして欄外に「○行目の○文字を訂正、○字加入」などと記入し、署名が必要です。これは他人による改ざんを回避するためです。

亡くなったときに発見されやすい場所に保管するのが一般的ですが、紛失や一部の家族によって破棄されるのを恐れる人は、同じものを2通作成して、1通を弁護士や遺言執行者（↓147ページ）に預ける場合もあります。また、2020年7月10日からは、法務局で自筆証書遺言を保管してもらえる制度もスタートします。自筆証書遺言には、見つけられない、捨てられる、書き換えられるなどのリスクがありましたが、それが解消され、より利用しやすくなります。

〈公正証書遺言〉

遺言者の口述に基づき、公証人が遺言書を作成する方法です。通常は公証役場で作成し、2人以上の証人が必要です。公証人が遺言者の口述を筆記し、これを遺言者と証人に読み聞かせ（または閲覧させ）、筆記が正確なことを確認したあと、遺言者・証人が署名・押印します。さらに、公証人が方式に従って作成した旨を付記します。遺言者が病気などで署名できない場合は、公証人がその理由を付記すればよいことになっています。ちなみに、推定相続人、未成年者、被後見人、被保佐人、公証人の配偶者、4親等内の親族などは証人になることはできません。

公正証書遺言は、公証人に自宅や病院まで出張してもらって作成することもできます（ただし、口述できることが前提）。公正証書遺言で使う印鑑は遺言者本人は実印となりますが、証人は認印でも可能です。

◆公証人の手数料

財産価額（時価）	基本手数料
100万円まで	5,000円
100万円超 200万円まで	7,000円
200万円超 500万円まで	11,000円
500万円超 1,000万円まで	17,000円
1,000万円超 3,000万円まで	23,000円
3,000万円超 5,000万円まで	29,000円
5,000万円超 1億円まで	43,000円
1億円を超えると、5,000万円までごとに下記の金額を加える	
3億円まで	13,000円ずつ
10億円まで	11,000円ずつ
10億円超	8,000円ずつ

- 基本手数料は、相続人・受遺者ごとに算定し合算
- 財産価額の合計額が1億円以下の場合は基本手数料の合算額に11,000円が加算される
- ほかに、正本・謄本代が必要

※出張の場合は別途費用がかかる

公正証書遺言は、確実に遺言書の作成・保管ができる代わり、公証人への手数料が必要になります。何度も遺言書を作成すると多額の費用がかかることになります。

公正証書は原本、正本、謄本と3通作成されます。原本は公証役場に保管（遺言者が110歳または120歳まで）されるので、紛失しても、再交付を受けられます。

〈秘密証書遺言〉

遺言の存在自体は明らかにしながら、内容は秘密にして遺言書を作成する方法です。遺言者は自分で遺言書を書き、署名・押印します。さらに、遺言書に押した印鑑で封印します。それを証人2人以上の立会いのもとで公証人に提出して、自己の遺言書である旨および住所・氏名を申述します。公証人が日付および申述を封筒に記載し、公証人・遺言者・証人が署名・押印することで作成します。

遺言書を封印してから公証人へ提出するので、内容に関しての秘密は守られる反面、自筆証書遺言と同様、一定の書式を満たしていないと無効となることもあります。

また、遺言書は1通のみで、本人が持ち帰ります。公証役場には秘密証書遺言を作成した事実が記録されるだけで、内容については一切記録されません。秘密証書遺言も、執行のためには裁判所の検認が必要です。

■検認とは？

封印のある遺言書は、家庭裁判所で相続人（またはその代理人）の立会いのもとで開封することになっています。これは、遺言書の存在確認と変造・偽造の防止を目的としています。そのため、「公正証書遺言」以外の遺言書が発見された場合には、すぐに家庭裁判所で検認の手続きを受けなければなりません。検認の費用は、1通につき収入印紙で800円分です。

検認とは、相続人に対して遺言の存在と内容を知らせて、遺言書検認の日における内容を明確にする検証、証拠保全手続きです。

検認を受けたからといって、遺言の内容等が法的に有効なものであると認められるわけではありません。必要な書式等を満たしていなければ、検認をしても無効となります。

■遺言執行者とは？

遺言執行者とは、遺言書の内容を実現し財産を管理する人をいいます。相続を専門にしている弁護士や司法書士、税理士、行政書士などが行なうこともありますが、未成年・破産者以外なら誰でも遺言執行者になることができます。遺言書で指定される場合もあります。指定がなければ、相続人でも可能ですし、家庭裁判所に選任してもらうこともできます。

相続人になれる人と法定相続分

■相続人とは誰のことをいうのか

遺言がなければ、相続人が集まって遺産分割協議を行ないますが、これがうまくまとまらないときのために、民法では相続人に対し相続財産を誰がどんな割合で受け継ぐのか（法定相続分）を決めています。もちろん、相続人全員の合意があれば、これと違った割合での相続も可能です。

遺産分割の手続きを進めるうえで、相続人を特定し、相続分を確定させることは大事です。配偶者は常に相続人となりますが、被相続人の子・親・兄弟などの血族相続人には優先順位がつけられており、後順位の血族は相続人にはなれません。

血族相続人は、

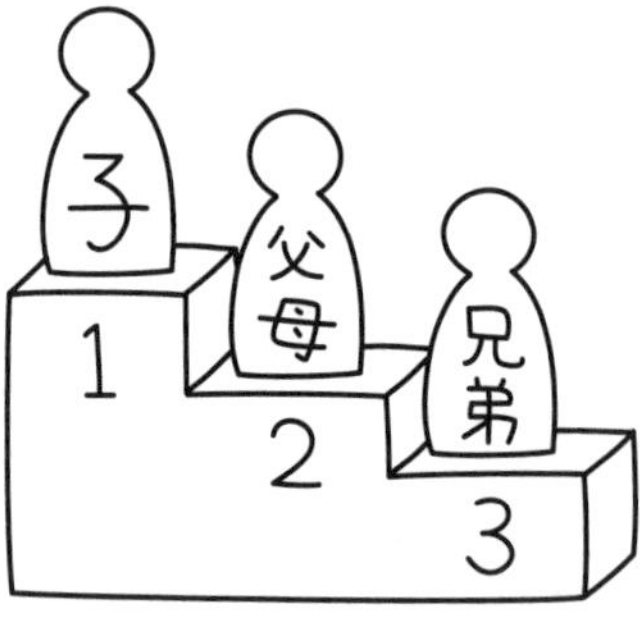

①子（すでに死亡している場合はその子、つまり孫やひ孫が代襲相続）
②直系尊属（父母または祖父母）
③兄弟姉妹

の順に相続人となります。相続開始以前に亡くなっている者や欠格事由（153ページ参照）に該当している者、廃除された者、相続の放棄をしている者は相続人となることはできません。

被相続人に配偶者と子・孫がいれば、親兄弟は法定相続人にはなれません。あなたの場合は次のどのケースにあてはまりますか？　確認してみましょう。

〈相続人と法定相続分〉

①妻のみが相続人のケース
　妻　全部

②妻と子供が相続人のケース
　妻　1／2
　子供　1／2（複数の場合はその人数で割る）

なお、子供がすでに死亡している場合は孫が、孫が死亡している場合はひ孫が相続人と

◆**法定相続分**

相続人は？	相続人	法定相続分	ポイント
妻のみ	妻	全部	妻は常に相続人となる
妻と子	妻	1/2	妻は常に相続人となる
	子	1/2	子の数で分ける。2人の場合は1/2÷2＝1/4ずつとなる（非嫡出子も同じ）
妻と父母	妻	2/3	妻は常に相続人となる
	父母	1/3	両親とも健在なら1/3÷2＝1/6ずつ
妻と兄弟姉妹	妻	3/4	妻は常に相続人となる
	兄弟姉妹	1/4	兄弟姉妹の数で分ける。2人の場合は1/4÷2＝1/8ずつとなる
子のみ	子	全部	子供がいるときは常に相続人となり、被相続人の親兄弟はゼロとなる

なります。非嫡出子の相続分は、以前は嫡出子の半分でしたが、現在は同等になっています。

③子供がいなくて、妻と親が相続人のケース

妻　２／３
親　１／３（複数の場合はその人数で割る）

④子供がなく、妻と兄弟姉妹だけが相続人（親は死亡）のケース

妻　３／４
兄弟姉妹　１／４（複数の場合はその人数で割る）

なお、兄弟姉妹がすでに死亡している場合、その子供が死亡した兄弟姉妹

に代わって相続人となります。兄弟姉妹の子供が死亡しても、さらにその子供（孫）には代襲相続されません。父母の一方のみ同じくする兄弟姉妹の相続分は、父母の双方を同じくする兄弟姉妹の半分です。

ちなみに、万一、妻自身が亡くなっている場合は次のようになります。

⑤子供だけが相続人のケース

子供　全部（複数の場合はその人数で割る）

なお、子供がすでに死亡している場合は孫が、孫が死亡している場合はひ孫が相続人となります。

■「配偶者」に関しての注意点

配偶者である妻は常に相続人になります。たとえ別居状態でも、法的な婚姻中なら相続権はあります。ただし、被相続人である夫が亡くなったときに、法律上の婚姻関係がなければなりませんから、内縁関係にある妻には法定相続は認められていません（内縁関係でも相続させたい場合は遺言が必要です）。離婚をすると、その時点で相続人としての権利を失います。

■「子」に関しての注意点

子は被相続人と法律上の親子関係があれば相続人になります。実子でも養子でも同じ扱いです。さらに養子に関しては、実父母・養父母双方の相続権をもつことになります。つまり、養子縁組がされたとしても、実親の相続人になり、養親の相続人にもなるのです。ただし、「特別養子」の場合は、実親の相続権を失い、養親の相続権のみ取得します。

まだ生まれていない胎児にも、すでに生まれた子と同様に相続権があります。ただし、無事出産した場合のみで、そうでなければ最初から胎児はいなかったものとみなされます。

かつて民法では非嫡出子（法律上の婚姻関係以外の相手との間に生まれた子）は嫡出子の2分の1しか相続権がありませんでしたが、それは差別に当たるとして、現在は同じ権利を持つように改正されました。

ちなみに、離婚した前妻との間の子は嫡出子です。

注意したいのは、被相続人が再婚で、配偶者にいわゆる連れ子がいた場合。再婚で夫婦が婚姻届を出しただけでは、実は相続権はありません。連れ子にも相続権を与えたい場合は、配偶者がその子を養子にする必要があります。

■相続の欠格と廃除とは？

相続欠格者として相続権が剥奪されるのは、①被相続人または同順位以上の相続人を殺害もしくは殺害しようとした人や、②被相続人が殺害されたことを知りながら犯人を告訴・告発しなかった人（子供など例外あり）、③詐欺・脅迫により被相続人に遺言書を書かせたり、逆に書くのを妨害した人、④相続に関する遺言書を偽造・変造・破棄・隠匿した人です。

一方、相続人に虐待や著しい非行などがあった場合に、被相続人がその人に相続させないために家庭裁判所に請求して認められれば、相続権を失わせることができます。これを「相続の廃除」といいます。

方法としては、被相続人が生きているうちに家庭裁判所に請求する場合と、遺言で行なう場合があります。遺言の場合、遺言執行者が家庭裁判所に廃除の請求をします。内容や程度によっては廃除が認められないこともあります。

■法定相続人の調査

遺産分割協議に先立ち、法定相続人を確定する必要があります。そのため、被相続人の出生から死亡までの戸籍を調べます。具体的には、戸籍謄本・除籍謄本・改正原戸籍謄本を取り寄せて行ないます。戸籍には被相続人の親子関係や婚姻について記載されているので、誰が法定相続人となるかがわかるのです。

この調査の段階で、まれに認知をしていた子の存在などが明らかになる例もあるので、必ず分割協議の前に取りそろえなければなりません。遺言の検認を受ける際にも、必要となります。各種名義変更手続きでも戸籍関係の書類は必要になります。

■法定相続情報証明制度

２０１７年5月からすでに始まっている制度ですが、「法定相続情報証明制度」（106ページも参照）を活用することで、不動産や銀行口座などの名義変更手続きや相続税の申告などがラクになります。

この制度を利用する際は、登記所（法務局）に亡くなった人と相続人の戸除籍謄本等と、相続関係を一覧にした「法定相続情報一覧図」を作成して提出すれば、登記官がその一覧図に認証文を付けた写しを無料で交付してくれます。一度手続きをしてしまえば、その後は「法定相続情報一覧図」の写しを無料で発行してくれるので、相続関係の手続きのたびに戸籍謄本や除籍謄本等の束を何度も出し直す必要がなくなります。

とくに、不動産の名義変更や自動車の名義変更、銀行口座、証券口座などの名義変更手続きなどの際には、「法定相続情報一覧図」の写しを提示するだけで済みます。

もちろん、これまでのやり方でも問題はありませんし、名義変更が1件、2件などの場合は、あまりメリットを感じられないかもしれません。しかし、不動産をたくさん保有していたり、銀行口座や証券会社、その他名義変更が必要なものが多い場合や、保険金の請求、相続税の申告などは、この制度を利用したほうが手間は省けるはずです。

遺産の調査を行なって相続財産を確定させる

■相続財産を見極める

遺産相続を行なうには、相続財産の見極めが必要になります。亡くなった人が実質的に所有していたものの中から、相続財産を洗い出すのです。

まずは、相続の対象となる財産・ならない財産についてみてみましょう（次ページの表参照）。相続財産には、プラス財産（積極財産）だけでなく、借金などのマイナス財産（消極財産）もあります。その両方について、どんなものがいくらあるのかを把握する必要があります。

ちなみに、葬儀費用は「相続に関する費用」と考えられますので、相続財産から除外されることになります。したがって、相続税が発生する場合、葬儀費用は相続課税財産から控除されるので領収書類は必ず保管しておきましょう。なお、香典は喪主への贈与と見なされますので相続財産とはなりません。

◆相続の対象となる財産・ならない財産

	相続財産となるもの	相続財産とみなされない財産
プラス財産（積極財産）	土地・建物 預貯金、株券・債券等の有価証券 自動車・宝石・骨董品等 売掛金・貸付金・未収債権 借地権・借家権・賃借権 損害賠償請求権・慰謝料請求権 著作権 特許権・商標権・意匠権・実用新案権 など	墓地・墓石・仏壇・位牌等の祭祀財産 香典（喪主に贈られたもの） 生命保険金のうち一定額 死亡退職金のうち一定額 国等へ寄付をした相続財産
マイナス財産（消極財産）	住宅ローン※をはじめ借入金返済債務 買掛金 損害賠償債務 保証・連帯保証債務 未払金（税金、家賃、医療費など）	——

※団体信用生命保険付きのローンは相殺されます。

■契約によってちがう生命保険金の扱い

生命保険金は、契約のしかたで相続財産となるかどうかが決まり、課税される税金の種類も異なります。基本的な契約パターンは次ページ表のとおりで、それぞれ課税される税金も表のとおりです。

また受取人を誰にするかによって、生命保険金が相続財産になったり、ならなかったりするのでそれをみていきましょう。

①

契約者＝夫
被保険者＝夫
保険金受取人＝法定相続人の誰かを指定（例：妻、子など）
⇓みなし相続財産となる

◆生命保険金と税金の関係

契約者（保険料負担者）	被保険者	保険金の受取人	かかる税金の種類
夫	夫	妻、子	相続税
妻	夫	妻	所得税
妻	夫	子	贈与税

死亡保険金は、保険契約に基づき指定された保険金受取人が受け取ります。複数の受取人を指定することも可能です。

税法上では、死亡を起因として取得する財産は相続財産に含まれますが、契約者、被保険者が夫で、保険金受取人が妻や子など法定相続人が指定されていた場合には、〈法定相続人の数×500万円〉の非課税枠もあります。「法定相続人」については148ページで確認してください。

生命保険金は契約時に設定した受取人が受け取ることになっているので、通常は遺産分割協議の対象にはなりませんが、高額の保険だった場合など「特別受益」（163ページ参照）とされる場合もあるようです。

②

契約者＝夫
被保険者＝夫
保険金受取人＝「法定相続人」と指定
⇓みなし相続財産となる

契約者、被保険者が夫で、保険金受取人を個人ではなく「法定相続人」と指定するケースがあります。この場合、法定相続人全員が保険金受取人となり、みなし相続財産になります。

ただし、受取人が法定相続人ですので、〈法定相続人の数×500万円〉の非課税枠も使えます。保険金については、遺産分割協議の対象となります。

相続税の納税資金をこうした方法で用意する場合もあるようです。

③

契約者＝夫
被保険者＝夫
保険金受取人＝法定相続人以外を指定（例：元妻など）
⇒みなし相続財産となる

離婚したときに受取人の変更を忘れ、再婚後も元妻のままだったり、あるいは、結婚して妻子がいるのに独身のときの契約のまま親を保険金受取人にしていたなど、実際にも聞く話です。法定相続人以外の人を受取人に指定していた場合でも、保険契約に基づき死亡保険金がその人に支払われます。

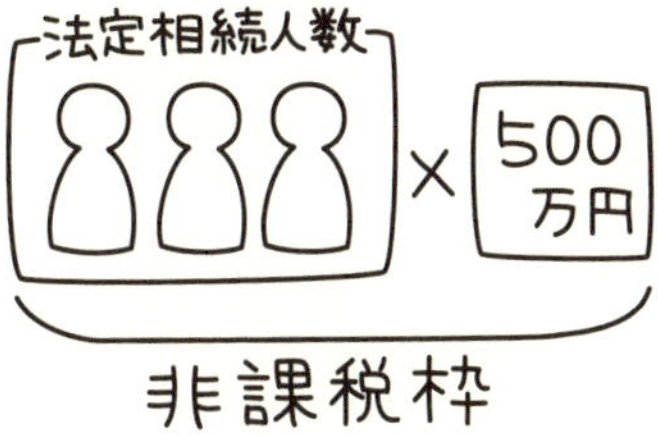

ただし、受取人が法定相続人でない場合は、〈法定相続人の数×５００万円〉の非課税枠は使えません。

④

契約者＝妻
被保険者＝夫
保険金受取人＝妻
⇓×相続財産（妻の一時所得）

あまりないかもしれませんが、亡くなった夫を被保険者とする死亡保険に、妻が契約者でなおかつ保険金受取人となって契約していたケースでは、死亡保険金は相続財産にはなりません。妻の「一時所得」となり、受け取った保険金から払込保険料と50万円の控除を差し引いた金額の１／２が所得となりほかの所得に合算され、所得税や住民税の対象となります。

⑤

契約者＝妻
被保険者＝夫
保険金受取人＝子供
⇓×相続財産（子供の贈与税）

亡くなった夫を被保険者とする死亡保険に、妻が契約者、保険金受取人に夫でも妻でもない別の人（ここでは子供）がなっていた場合、死亡保険金は贈与税の対象となります。このケースだとわかりにくければ、契約者が夫の親で、被保険者が夫、保険金受取人が妻というケースのほうが想像しやすいでしょうか。

保険金から贈与税の基礎控除110万円を引いた金額に贈与税がかかりますので、本来は最も避けたい契約です。

なお、遺言でも保険金受取人を変更することができます。遺言に保険金受取人変更の記載がある場合は、保険証券の内容よりも優先されます。

寄与分と特別受益があるときは…

■寄与分とは？

相続人の中に、被相続人の財産形成などに貢献した人とそうでない人がいる場合に、同じ相続分というのでは公平ではありません。そのため、被相続人の財産形成に特別な寄与をした相続人に財産を多く取得させる制度がこの寄与分の制度です。

「寄与者」は被相続人の事業に貢献したり、場合によっては必要に応じて資金提供をしたり、あるいは療養中の看護により財産の維持・増加に寄与した相続人に限られます。単なる同居や看護は、家族として当然のこととみなされ、特別な寄与とはみられません。

具体的な寄与分の金額は遺産分割協議で決めます。どうしてもまとまらなければ家庭裁判所の審判や調停を受けることになります。

■介護・看病に貢献した親族は金銭請求が可能に

なお、2019年7月1日から介護・看病に貢献した親族は金銭請求が可能になります。相続法の改正により、法定相続人ではない親族（たとえば嫁や婿、甥、姪など）が無償で介護や看病に貢献した場合には、「特別寄与者」として、相続人に対し金銭（特別寄与料）を請求できるようになります。これまでは、被相続人と養子縁組をするなどの方法を取らない限り、報われることはなかったので、大きな変化といえます。

■特別受益とは？

相続人が複数いて、その中の一部の人だけが、被相続人から生前贈与や遺贈を受けていれば、特別受益分として相続財産にその贈与等を受けた分を含めて相続割合を計算することにより、相続人間の公平性を保ちます。

特別受益は、株券や車をもらった、結婚に際し支度金をもらった、住宅購入資金の援助を受けた、などです。たとえば、生前に車を贈与されていた場合は、現在ではすでにその車が廃車となっていたとしても存在しているものとして、あるいは株なら時価の変動があって大幅に値下がりしたとしても、相続時の時価で計算します。

■婚姻20年以上の夫婦間の居住用不動産の贈与は「持戻し」免除に

なお、婚姻期間が20年以上の夫婦の間で、居住用不動産またはその取得資金を贈与した場合、２０００万円まで贈与税が非課税となる配偶者控除を利用することができます。

せっかくこの制度を使って贈与を受けても、これまでだと、遺産分割の際には「特別受益」として「**持戻し**」をされ、相続財産として持ち戻された形で、配偶者が最終的に取得する額は贈与がなかった場合と変わらない結果になっていました。しかし、２０１９年７月１日からは、相続法の改正により、持戻しをせずに計算できるため、妻により多く相続財産が残せることになります。長寿化時代に長生きの女性にとっては助かる制度ですね。

遺留分と遺留分減殺請求（遺留分侵害額の請求）

■遺留分とは？

被相続人は遺言で自由に財産処分をすることができますが、すべての財産が自由にできるわけではありません。遺産に頼らないと生活できない家族を保護するなどの理由から、法定相続人に最低限の取り分を設けています。それを「遺留分《いりゅう》」といいます。

遺留分の割合は次のとおりです。

直系尊属のみが相続人の場合　**法定相続分の1／3**
その他の場合　**法定相続分の1／2**
兄弟姉妹　**なし**

（「直系尊属」とは父母、祖父母など本人より目上の直系の親族をいいます。法定相続分についてはは150ページの表を参照してください）

たとえば、妻と子1人がいるのに、他人に全財産を遺贈するといった内容の遺言があった場合でも、妻、子供とも1／4（1／2×1／2）ずつ遺留分として取り戻すことができます。

◆相続パターン別の遺留分割合

相続人の組み合わせ	遺留分	各人の遺留分
妻と子	1/2	妻 1/4 子 1/4
妻と父母	1/2	妻 2/6 父母 1/6
妻と兄弟姉妹	1/2	妻 1/2 兄弟姉妹 なし
妻だけ	1/2	妻 1/2
子だけ	1/2	子 1/2
父母だけ	1/3	父母 1/3
兄弟姉妹だけ	なし	兄弟姉妹 なし

■遺留分減殺請求とは？

遺言で財産を受けた人に対して、一部の財産取戻し請求をすることを「遺留分減殺《げんさい》請求」

といいます。ただし、手続きをして請求しなければいけません。「遺留分減殺請求」ができるのは、遺留分侵害を知った日等から1年（相続の日から10年で権利は消滅）ですので、手続きは早めにしましょう。

■「遺留分減殺請求」から「遺留分侵害額の請求」へ

遺留分減殺請求を行なう際、これまでだと、遺産分割の範囲で相手が受け取る分を返してもらう形しか取れず、たとえば対象となる資産が不動産だった場合、贈与を受けた人と遺留分権利者で不動産が共有状態となるため、大きな制約となっていました。

相続法の改正で、２０１９年7月1日以降は、遺留分権利者は、受遺者または受贈者に対し遺留分の侵害額を金銭で請求できるようになります。遺留分を侵害された額に見合う金銭を請求できることになるわけです。

遺留分権利者からこの請求を受けた受遺者または受贈者が、すぐにこうしたお金を支払えない場合は、裁判所の許可を得て、一定期間、支払いを待ってもらうこともできるようになります。

■遺留分の基礎となる財産

なお、遺留分の基礎となる財産は、現在は、相続人に対する特別受益に該当する贈与は、20年、30年前の贈与分であっても時期に関係なく含めた上で、遺留分を算定しています。これが、2019年7月1日以降は、原則、相続開始前の10年間にされた贈与に限って基礎財産に含めることとなります。そのため、その相続人に対して、相続開始より10年超前に贈与された財産は、遺留分を算定する際の財産には原則、含まれないことになります。

相続を放棄したり限定承認することもできる

人が亡くなることで発生する相続ですが、相続人自身の意思で、相続を承認するかどうか選択することができます。相続したくなければ「放棄」することも可能です。また、承認するにしても、「単純承認」と「限定承認」があり、相続財産の内容に応じて選択することができます。

■相続放棄とは？

相続を放棄すれば、最初から相続人ではなかったことになり、一切の財産は承継されません。そのため、プラス財産だけでなく、マイナス財産も放棄することができます。マイナス財産がプラス財産より多いときや、あるいは、別の相続人に相続させたいときなどに、相続放棄を行ないます。

手続きは、相続の開始を知った日から3か月以内に家庭裁判所に申し立て、「相続放棄申述書」を提出します。提出先は原則として、被相続人の住所地の家庭裁判所です。

相続放棄が認められると、家庭裁判所より「相続放棄申述受理証明書」が発行されます。たとえば、被相続人の借金の取立てが来ている場合は、この証明書を提示することで対抗できます。親が相続放棄をした場合、その子にも代襲相続の権利はなくなります。ちなみに、親が相続欠格者となった場合は、その子は代襲相続が可能です。

相続放棄の取り消しは、詐欺や脅迫といった理由以外は認められないので、決定の前によく検討しましょう。また、相続財産を一部でも処分すれば、単純承認したものとみなされ相続放棄が取り消されますので注意が必要です。

■相続の単純承認とは？

「単純承認」は一般的な相続を指し、プラス財産とマイナス財産をどちらも承継することをいいます。単純承認をする場合は何も手続きなどは必要ありません。相続があったことを知って3か月以内に、相続放棄や限定承認の申し立てを行なわなければ、必然的に単純承認したとみなされます。マイナス財産がプラス財産より多いときには、単純承認してしまうと、自分の財産から返済する義務を負うことになります。

ちなみに、夫の死亡後に、預貯金を引き出して病院の支払いや葬儀費用以外に使ったり、電話や車の名義を相続人名義に変更したりするなど、相続財産を一部でも処分すれば、単純承認したとみなされます（形見分けは高額なものでなければ処分にはなりません）。

■限定承認とは？

一方、「限定承認」はというと、プラス財産の範囲でマイナス財産を相続することをいいます。そのため、マイナス財産がプラス財産より多いときでも、自己の財産からの返済義務は負いません。限定承認をするには、相続の開始から3か月以内に家庭裁判所に申し立てる必要があります（このとき、財産目録も必要です）。ただし、限定承認は相続人全員の合意に基づいて行なわなければなりません。プラス財産を隠したり、故意に財産目録に載せなかったりした場合、限定承認は取り消されますので注意しましょう。また、限定承認の場合、プラス財産と同じだけの債務は相続されるので、債権者からの請求は避けられません。

限定承認後は、5日以内にすべての債権者に対し限定承認したことを公告し、2か月以上の期間を定めて債権請求を申し出るように公告しなければなりません。

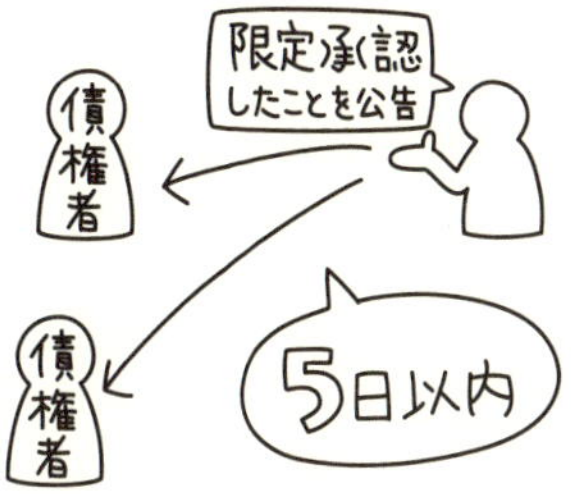

遺産分割協議のしかたと注意点

遺産分割は、遺言書で相続財産が指定されている場合はそれに従いますが、遺言がない場合は、相続人の中で話し合って誰が何を相続するか決め、通常はその結果を書面に残します。

■財産目録を作成する

遺産分割協議を行なうには、法定相続人と、負債も含めた相続財産を明らかにするとともに、財産目録を作成します。これは、遺産分割協議だけでなく、限定承認などを行なう場合にも必要です。

遺産分割協議用の財産目録は相続時の時価で作成しますが、相続税納税用の財産目録は不動産や有価証券の評価方法など専門的な知識を要するので、専門家に依頼したほうが安心です。

■遺産分割協議のすすめ方

遺産分割協議は相続人全員の「同意」がないと決められません。相続人の中に1人でも反対している人がいる場合には遺産分割協議は成り立ちません。また、一度、分割協議で合意した場合、その後、たとえば自分が相続した金融資産の評価が急落したなどの理由があっても、分割協議のやり直しはできません。後悔することがないよう、慎重に行なうことが大切です。

協議を行なうにあたり、相続人の中に未成年者がいる場合は、家庭裁判所へ特別代理人を選任する申し立てを行なう必要があります。

協議を行なう場合、被相続人の財産の維持や増加に特別の寄与をした相続人は、その寄与に見合う配慮を請求できます（→162ページ）。また、特別受益（→163ページ）があった人は、それも配慮されます。なお、死亡保険金や死亡退職金は遺産分割の対象になりませんが、公平に分けるためには、これらも考慮して話し合うといいでしょう。

相続人全員の同意があれば、法定相続分に関係なく遺産分割をすることも可能です。生前、故人の看護や介護などを担った相続人に多めに分けるとか、葬儀や法要、あるいは遺産調べなどで苦労した相続人に対して、多少の配慮もしたいところです。

なお、実際の分割の方法には次の3タイプがあります。

①現物分割

この預貯金は長女と次男、この不動産は長男…など、個々の相続財産ごとに相続人を決める方法です。通常は、この分割方法が基本となります。

②換価分割

遺産の全部または一部を換金して現金で分けます。現金なので、法定相続分どおりの分割もできます。ただし、居住用不動産等その後も保有する資産があるときには向きません。

③代償分割

分割が難しい不動産などを特定の人が相続する場合、代わりに、その相続人が自己の財産でほかの相続人に一定額を支払う方法もあります。ただし、支払うべき財産がなければできないことですが…。

■遺産分割協議がまとまらないときは…

協議を重ねてもまとまらない、最後まで納得しない人がいる場合などは、家庭裁判所に遺産分割の審判を申し立てます。家庭裁判所はまず調停を行ない、それでもまとまらなければ審判を下します。それでもめてしまうときには、裁判に持ち込まれることになります。そうなるとお互いに弁護士を立てて法廷で争うことになり、訴訟費用もかかります。

◆遺産分割協議書の例

遺産分割協議書

令和〇〇年三月二十二日、△△県△△市△△町〇番地　田中一郎の死亡によって開始した相続の共同相続人である田中花子、田中A子、田中B夫は、本日、その相続財産について、次の通り遺産分割の協議を行ない合意した。

一、　相続財産中、△△県△△市△△町〇丁目〇番宅地〇〇平方メートル及び同所所在家屋番号〇番居宅木造瓦葺三階建床面積一階〇〇平方メートル、二階〇〇平方メートル、三階〇〇平方メートルの建物は、田中花子（持分弐分の壱）及び田中B夫（持分弐分の壱）の共有とすること。

二、　相続財産中、〇〇銀行〇〇支店の定期預金（口座番号〇〇〇〇〇）一、〇〇〇万円は、田中A子の所有とすること。

三、　相続財産中、〇〇株式会社の株式一、〇〇〇株（株券番号〇〇〇〇〇）、△△株式会社の株式二、〇〇〇株（株券番号〇〇〇〇〇）は、田中花子の所有とすること。

右協議を証するため、本協議書を参通作成して、それぞれに署名、押印し、各自壱通保有するものとする。

令和〇〇年四月三十日

〇〇市〇〇町〇丁目〇番　田中花子　㊞
〇〇市〇〇町〇丁目〇番　田中A子　㊞
〇〇市〇〇町〇丁目〇番　田中B夫　㊞

そのため、裁判に勝っても訴訟費用等で財産は目減りする可能性があります。

■遺産分割協議書の作成

協議がまとまれば、「遺産分割協議書」を作成します。この書類は法的に必要なものではないのですが、預貯金など各種名義変更や不動産の相続登記などの際には、窓口で「分割協議書はありますか」と聞かれます。また、相続人の誰かが遺産分割協議のやり直しを求めてきた場合の対抗手段にもなりますので、財産が多い少ないに関係なく、作っておきたい書類です。

遺産分割協議書の様式はとくに決まっていません。パソコンの文書作成ソフトでも手書きでも問題はありません。用紙の大きさも決まりはありません。前ページにサンプルを示していますが、記載すべき内容は、被相続人の氏名、本籍、死亡年月日、各相続人が相続する財産、相続人全員の住所、氏名、押印（実印）などです。預貯金の場合は、銀行名・口座番号・相続額を記載し、不動産は登記簿のとおり記載し、共有の場合は持ち分割合を明記します。

遺産分割協議書は相続人の人数分を作成し、それぞれが1部ずつ保管することになります。自分たちで作成するのが難しい場合、行政書士などに作成してもらうこともできます。

■相続税の申告期限に間に合わなかったら?

遺産分割はいつまでに行なうという期限は定められていません。しかし、相続税の申告期限は相続開始の翌日から10か月以内です。それまでに分割が確定しない場合は、法定相続分で分割したと仮定して相続税を申告、納税します。

未分割財産の場合、配偶者に対する相続税額の軽減や小規模宅地の評価減、物納などはできなくなります（配偶者に対する相続税額の軽減や小規模宅地の評価減は、申告期限から3年以内に分割が確定すれば、さかのぼって適用されます）。

その後、遺産分割の内容が決まると、相続税を払い過ぎていた場合は還付を受け、不足していた場合は追加で納付します（申告が必要です）。

相続税の計算はこうする

■相続税の計算

相続税は、相続または遺贈により財産を取得した場合にかかります。民法で定められている法定相続人が財産を取得した場合が相続、被相続人の遺言によって相続人やそのほかの人が財産を取得した場合を遺贈といいます。相続・遺贈とも、相続税の課税対象です。

民法上の相続財産と税法上の相続財産には違いがあります。前述のように民法上は、生命保険金（受取人の指定による）や死亡退職金は相続財産とならない場合もありますが、税法上は人の死亡を起因として取得されるため、相続財産に含まれるのです（「みなし相続財産」といいます）。ただし、一定の非課税措置があります。

さらに、相続開始前3年以内にされた贈与分も、原則、相続財産に加えて相続税を計算します。贈与税を納税していれば、相続税額から控除されます。すでに述べたように、墓地・墓石等の祭祀財産や香典は相続財産ではないですし、葬式費用は相続財産から控除されるので領収書を残しておくことは大切です。

■相続財産の評価（相続税を計算するうえでの評価）

遺産分割は、通常、遺産を時価で評価します。しかし、相続税の申告は、相続税法や国税庁の通達に従った相続税評価額をもとに行ないます。相続税の申告で最も大変なのがこの相続税評価額の計算で、専門知識が必要です。通常は税理士の力を借りて行なう部分です。主な財産の評価は次のとおりです。

〈預貯金〉

預貯金は、「預入高＋既経過手取利子の額」で計算します。ただし、普通預金など利子の額が過少なものについては預入高で計算します。

〈利付公社債〉〈割引公社債〉

利付国債や社債などの利付公社債は、上場している場合は「課税時期の最終価格等＋既経過利子の手取額」で計算します。割引国債などの場合も、上場している公社債は課税時期の最終価格等により、そのほかは「発行価額＋既経過償還差益の額」などで評価します。

〈貸付信託〉

貸付信託は、「元金＋既経過収益の手取額－買取割引料」で計算します。

〈上場株式〉

上場株式が相続財産にある場合は、次の中で最も低い金額で評価します。①相続開始日の最終価格、②相続開始の月の最終価格の月平均額、③その前月の最終価格の月平均額、④その前々月の最終価格の月平均額。

〈証券投資信託〉

上場されているものは上場株式に準じ、そのほかのものは解約した場合の手取額によって評価します。

〈ゴルフ会員権〉

売買取引ができるゴルフ会員権は、「取引価格×0・7」で評価します。

〈書画・骨董品〉

書画・骨董については、専門家による鑑定価額に基づいて評価します。

〈死亡退職金・弔慰金の評価〉

死亡退職金については、生命保険と同様に相続人が受取人の場合には非課税枠があります。「受給金額－非課税枠（500万円×法定相続人の数）」で計算します。

弔慰金については、業務上の死亡の場合は死亡時の給与の3年分、業務上以外の死亡の場合は死亡時の給与の6か月分が非課税となり、それを超える分は相続財産に加えます。

〈生命保険金〉

159ページで説明したように、みなし相続財産となり、受取人が法定相続人の場合は「保険金額－非課税枠（500万円×法定相続人の数）」が相続財産に加わります。

一方、夫が契約者で被保険者が妻や子供の場合は、解約返戻金相当額が生命保険契約に関する権利の評価額として相続財産にカウントされます。

〈建物〉

建物の評価は、一般に自分で使っている家屋（自用家屋）は「固定資産税評価額×1・0」、貸家であれば「自用家屋の価額×（1－借家権割合）」で計算します。借家権はほとんどが30％です（一部40％の地域もあります）。なお固定資産税評価額は、税務署ではなく、市区町村役場で調べます。

〈土地〉

土地の評価には「路線価方式」と「倍率方式」があります。路線価方式は主に市街地で採用される方式で、毎年、各国税局が作成する路線価図に基づいて土地を評価します。計算のしかたは「(路線価×補正率＋加算額)×地積」です。間口や奥行き、地形等で利用しにくい土地は、補正率をかけて評価額が低くなります。逆に、2つの道路に面している角地などは土地の利用価値が高くなるため評価額も高くなり、「補正後の路線価×加算率」

で計算した金額を加算額とします。一方、倍率方式は、路線価が定められない郊外などで採用される方式で、地域ごとに定められた倍率表を使用して、「固定資産税評価額×倍率」で計算します。

土地の評価には、「小規模宅地の評価の特例」が使える場合もあります。被相続人や親族が居住用もしくは事業用等として使用していた宅地は、一定部分について評価額を減額してもらえるのですが、小規模宅地の評価減はとくに複雑で判断も難しい部分なので、税理士に相談されるのがよいでしょう。

なお、この特例を使う場合は、必ず相続税の申告が必要なのでご注意ください。

■債務・葬式費用（債務控除）

相続財産のうち、借金などのマイナスの財産（債務）を承継したり、亡くなった人の葬式費用の負担があった場合は、相続税の課税価格から、その債務や葬式費用を控除することができます。この債務控除は、相続人等に適用されるため、相続の放棄・欠格・廃除になった人については適用がありません。葬式費用は実費分を控除します。

■相続開始前3年以内に贈与があった場合

相続や遺贈で財産を取得した人が、その被相続人から相続開始前の3年以内に財産の贈与を受けていた場合は、原則、その贈与財産の価額をその取得した人の相続税の課税価格に加算しなければなりません（持戻しについては164ページ参照）。

■相続税の基礎控除

相続税を計算する際、課税遺産総額から差し引かれる「基礎控除」があります。課税遺産総額がこの基礎控除額より少なければ、相続税はかかりません（**税務署に対する申告も必要ありません**）。一方、課税遺産総額が基礎控除額を超える場合でも、申告をすることで使える小規模宅地の評価減などにより、相続税がかからないケースもあります（この場合は**納税額がなくても申告が必要です**）。

基礎控除額は、「**3000万円＋600万円×法定相続人の数**」で算出されます。そのため、夫を亡くしたとき、法定相続人が妻と子供3人という場合は、「3000万円＋600万円×4人」で5400万円が基礎控除になります。課税遺産総額がこの範囲内であれば、相続税はかかりません。

■相続税の計算

基礎控除額の範囲内の相続財産であれば相続税を納める必要はなく、相続税を計算する必要はありません。しかし、基礎控除額を超える財産がある場合は、きちんと計算をして申告・納税をします。なお、相続税がかかる人は、死亡した人全体の8％程度といわれます。

相続税の計算は、①課税価格の計算、②相続税の総額計算と各人の税金の計算、の順番で行ないます。

①課税価格の計算

> 課税価格（1000円未満切捨）＝遺産の総額－非課税財産－債務・葬式費用＋相続時精算課税制度で贈与した分＋相続開始前3年以内の贈与財産

②相続税の総額計算・各人の税金の計算

相続税の計算は2段階になっています。

> まず、総額は法定相続人が法定相続分どおりに課税遺産総額（課税価格の合計から基礎控除額を引いたもの）を分割したものとして各人の相続税額を計算し、それを合計して求めます。
>
> 次に、その総額を実際に財産を取得した割合に応じて、各相続人の税額を計算します。

相続税額の計算に使われる「法定相続人」は、相続の放棄があった場合でも、その放棄がなかったものとして人数をカウントします。養子縁組がされている場合、実子がいるときは養子の数は「1人のみ」、実子がいないときは「2人まで」カウントすることができます。

■相続税額の加算と控除

各相続人等に個別事情がある場合は、個々の税額を算出したものに、さらに加算や控除の調整を行なった金額が最終的な納付金額となります。それらの調整には次のものがあります。

・相続税額の2割加算

一親等の血族（子供、親、代襲相続人となった孫）や配偶者以外が財産を取得した場合、相続税額に算出税額の2割相当額が加算されます。

・贈与税額控除

相続開始前3年以内に行なわれた贈与で、その贈与分を課税価格に加算した場合、すでに支払った贈与税は税額から控除されます。

配偶者は、法定相続分あるいは1億6000万円以下の財産の取得であれば、算出税額相当額が全額控除され、納税額は発生しません。

◆相続税の速算表（a×b－c）

課税遺産総額※（a）	税率（b）	控除額（c）
1,000万円以下	10%	―
1,000万円超～3,000万円以下	15%	50万円
3,000万円超～5,000万円以下	20%	200万円
5,000万円超～1億円以下	30%	700万円
1億円超～2億円以下	40%	1,700万円
2億円超～3億円以下	45%	2,700万円
3億円超～6億円以下	50%	4,200万円
6億円超	55%	7,200万円

※法定相続分に応ずる各人の額

・未成年者控除

20歳未満※の法定相続人は、「10万円×（20歳－相続開始時の年齢）」が控除されます。たとえば15歳5か月の場合、15歳で計算しします。

・障害者控除

障害者である法定相続人は、「10万円（特別障害者は20万円）×（85歳－相続開始時の年齢）」が控除されます。

・相次相続控除

今回の相続より前10年以内に相続があった場合、今回の相続の被相続人が前回の相続で相続税を納付しているときは、一定額が控除されます。

・外国税額控除

相続等をした財産に外国の財産が含まれていて、さらにその国でも相続税に相当する税金がかかっていた場合、一定額が控除されます。

※2022年（令和4年）4月より18歳未満となります。

このように相続税の計算は非常に複雑です。これらの計算についての相談は専門家である税理士にされることをお勧めします。

相続税の延納と物納

相続税の申告は、相続開始の翌日から10か月以内に、被相続人の住んでいた地域の所轄税務署に対して行ないます。相続税は金銭で一括納付をするのが原則ですが、例外として延納と物納の制度があります。

■延納

相続税額が10万円超で、現金で支払うのが困難な場合は、担保を提供することで、「延納」することができます。延納をすると所定の利子がかかります。返済は年払いとなります。担保を入れて、利子も払うということでは、民間のローンを借りるのと同じです。そのため、なかには延納せず、金融機関でお金を借りて相続税を払う人も少なくありません。民

間ローンの金利と比べてどちらが有利かを比較して決めるといいでしょう。延納にかかる利子率はその時々で変わるので、税務署で確認してください。

■物納

相続税を納めることが、延納でも厳しい場合は、一定の条件のもとに相続財産を現物で国に納付する「物納」が可能なこともあります。しかし、物納財産は国が管理・保管するため、物納に適しているかどうかなども含め、厳しく制限されています。

物納に充てることができる財産と、物納をする順位は次のとおりです。通常は、第1順位より順に選択することになっています。

- 第1順位　不動産、船舶、国債証券、地方債証券、上場株式　など
- 第2順位　非上場株式　など
- 第3順位　動産

税務署は現金での支払いを優先するようにいうので、「この土地は物納する」という場合は、現金は母親が相続し、子供は物納の対象物件だけ相続すると、税務署の申請は通りや

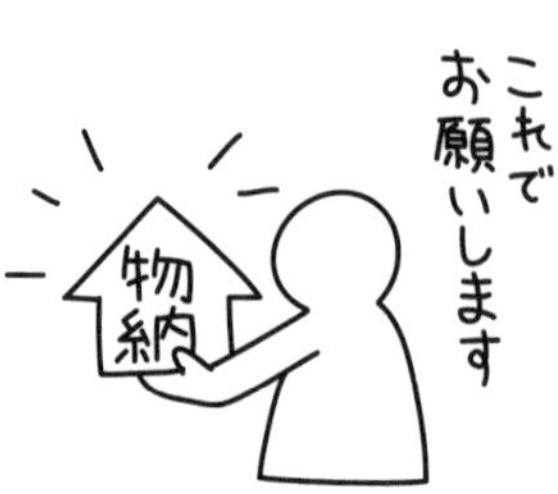

すくなります。すると、子供は「相続税が支払えないから」という理由で物納を選択することが可能になります。逆に、「この土地は物納しない」というなら、相続税相当分の現金も相続して、物納しないですむようにします。物納するかどうかは、税理士などと相談しながら、計画的に行なうといいでしょう。

共有名義の不動産を物納する場合、共有者全員が物納申請する必要があります。ちなみに、物納には通常は譲渡所得税はかかりません。

亡くなったのが企業のオーナー社長の場合、大量の自社株を保有していることがあります。自社株での物納も認められるようになりましたが、取引相場のない株式を物納申請できるのは、①延納によっても金銭納付が困難で、②取得した財産のほとんどがこの株式でほかに物納できる財産がなく、③譲渡制限がない場合などです。

経験者から一言…

50代になったら
夫婦でもしものことを話し合っておくべき

ある日突然、夫が倒れ、そのまま天に召されました。心筋梗塞でした。葬儀が終わったところで、「相続はどうなっているの？」と息子たちから聞かれました。

息子2人は結婚して家を出て、わが家は夫婦だけでした。相続財産といっても、自宅（評価額約1,200万円）と会社からの死亡退職金などを含めた預貯金は約2,000万円しかありません。私はずっと専業主婦で夫の財産が夫婦の財産でもありました。

「お父さんの財産はお母さんに相続させてね」と話したところ、息子たちは住宅ローンや子育てで大変だからと、「少しでもいいから」と言われ、200万円ずつで納得してもらいました。法定相続分通り私が２分の１だけだったら、生活できませんでした。

今さらですが、結婚20年以上の夫婦間の贈与の特例で自宅を私名義にしておくか、遺言にそう書いておいてもらえば、少なくとも自宅は外して考えることができたなと思いました。
それと、2020年4月に「配偶者居住権」という、死ぬまで家に住める権利ができるそうです。わが家でいえば、配偶者居住権*が仮に600万円だったとすると、法定相続分の分割でも、私は「配偶者居住権＋預金の半分1,000万円」を相続できます。

相続でもめそうなときは、こうした制度も含めて考えておくといいかもしれません。いずれにしても、夫が元気なうちにもっとこうした話合いをしておくべきだったと、今ごろ思います。

（埼玉県/M・S/58歳）

＊配偶者居住権については236ページを参照のこと

第5章

その後の生活設計と資金確保を考える

〈その後の生活設計を考える〉チェックリスト

その後の生活設計を考えよう

夫を亡くされた直後はつらいでしょうが、徐々にこれからの生活を考えていくことも必要です。〝人生百年時代〟といわれるなか、まだ独立前の子供がいる場合はなおさらです。今後の人生を考え、新たな生活設計を考えてみましょう。

一家の大黒柱を失えば、やはり金銭的な不安が大きいことと思います。「やっていけるのだろうか」「早く仕事を探さないと…」などと思う人も多いでしょう。遺族年金などの公的な年金や児童扶養手当の対象になる場合もありますので、あせらずに現状とこれからの収入、支出を整理してみましょう。

■今後の収入

①遺族年金、自分の老齢年金
②夫が会社員だった場合は、死亡退職金、弔慰金

③ご自身が働いている場合には、その収入
④そのほか、夫からの相続財産、生命保険金、ご自身の金融資産など

■今後の支出

①生活費…一般的に、夫亡きあとの生活費はいままでの7割程度、子供の独立後は5割程度が目安です。
②住居費…一般に、住宅ローンには「団体信用生命保険」(団信)がついているので、夫が住宅ローンを組んで住宅を購入した場合は、以後の住宅ローンの支払いの必要はなくなります。ただし、住宅のリフォーム費用、固定資産税、マンションなら管理費・修繕積立金、借地なら借地料や更新料などは必要です。
③教育費…子供の教育費は、いつ、どれくらい必要か確認しましょう。
④老後資金…老後資金として必要な額を把握します。
⑤介護資金…介護が必要になったときにかかる費用を確保しておきましょう。
⑥そのほか、子供の結婚資金の援助や住宅の修繕費など今後の支出が決まっているもの、車の買替えなど、書き出してみましょう。

■ライフイベント表を作成してみよう

将来の生活設計を行なう第一歩として、まずはライフイベント表を作成しましょう（↓196ページ）。ライフイベント表は別名「未来年表」ともいわれます。

自分や家族の年齢を記入し、さらにライフイベント（人生における出来事）を書き込みます。ライフイベントには、進学や就職、転職、定年、住宅取得、リフォーム、住み替え、車の買替え、家族旅行など、さまざまなものがあります。今後実現したい家族の夢なども書いておくといいでしょう。

ライフイベント表を作成する際には、別居であっても親の年齢も一緒に書き入れてみましょう。75歳を超えるあたりから介護リスクが高まるため、そのこともちょっとだけ意識しておく必要があるのです。ただし、197ページから説明するキャッシュフロー表には、別居である場合は親のことは外して記入します。

◆ライフイベント表の例

西暦	父	母	妻	長男	次男	ライフイベント
2019年	**63**歳	**62**歳	**37**歳	**8**歳	**6**歳	
2020	**64**	**63**	**38**	**9**	**7**	第二子小学校入学
2021	**65**	**64**	**39**	**10**	**8**	
2022	**66**	**65**	**40**	**11**	**9**	
2023	**67**	**66**	**41**	**12**	**10**	
2024	**68**	**67**	**42**	**13**	**11**	第一子中学校入学
2025	**69**	**68**	**43**	**14**	**12**	
2026	**70**	**69**	**44**	**15**	**13**	第二子中学校入学
2027	**71**	**70**	**45**	**16**	**14**	第一子私立高校入学
2028	**72**	**71**	**46**	**17**	**15**	
2029	**73**	**72**	**47**	**18**	**16**	第二子私立高校入学
2030	**74**	**73**	**48**	**19**	**17**	第一子私立大学入学
2031	**75**	**74**	**49**	**20**	**18**	
2032	**76**	**75**	**50**	**21**	**19**	第二子私立大学入学
2033	**77**	**76**	**51**	**22**	**20**	
2034	**78**	**77**	**52**	**23**	**21**	第一子就職
2035	**79**	**78**	**53**	**24**	**22**	
2036	**80**	**79**	**54**	**25**	**23**	第二子就職
2037	**81**	**80**	**55**	**26**	**24**	
2038	**82**	**81**	**56**	**27**	**25**	
2039	**83**	**82**	**57**	**28**	**26**	
2040	**84**	**83**	**58**	**29**	**27**	
2041	**85**	**84**	**59**	**30**	**28**	
2042	**86**	**85**	**60**	**31**	**29**	

■キャッシュフロー表をつくってみる

ライフイベント表ができたら、いつ、どれだけのお金が必要になるか、毎年の収支などを記入した**キャッシュフロー表**をつくってみることをお勧めします（→198、199ページ）。そうすれば、遺族年金や生命保険金、夫からの相続財産などで十分かどうかを把握しやすくなります。

また、不足する場合も、いつごろ、どれだけ不足するのかがわかれば、早くから働く必要があるのか、あるいは、いますぐに働きに出なくても、子供がある程度大きくなるまでは預貯金でまかないながら、その間に資格をとって働きに出る準備をするなど、計画性をもって生活することができます。

漠然と思っているだけでなく、紙に書き出したり、シミュレーションをしたりして、問題点をはっきりさせると、ある程度、不安は解消されるものです。中立的な立場のファイナンシャルプランナーなどに相談し、作成してもらうのもいいでしょう。

夫の死後、生活に困る人は福祉事務所のケースワーカーに相談しましょう(→248ページ)。あせらず、落ち着いて今後の自分の生き方を考え、生活設計を考えることは大事です。

（単位：万円）

11	12	13	14	15	16	17	18	19	20	21	22	23	24
2029	2030	2031	2032	2033	2034	2035	2036	2037	2038	2039	2040	2041	2042
47	48	49	50	51	52	53	54	55	56	57	58	59	60
18	19	20	21	22	23	24	25	26	27	28	29	30	31
16	17	18	19	20	21	22	23	24	25	26	27	28	29
第2子私立高校入学	第1子私立大学入学		第2子私立大学入学		第1子就職		第2子就職						
195	172	172	130	130	130	130	130	130	130	130	130	130	130
195	172	172	130	130	130	130	130	130	130	130	130	130	130
180	182	184	186	188	160	160	160	160	160	160	160	160	160
45	45	45	45	45	45	45	45	45	45	45	45	45	45
280	337	260	409	330	168	172	0	0	0	0	0	0	0
505	564	489	640	563	373	377	205	205	205	205	205	205	205
-310	-392	-317	-510	-433	-243	-247	-75	-75	-75	-75	-75	-75	-75
3,123	2,747	2,444	1,946	1,523	1,287	1,047	977	907	837	766	695	623	551

◆37歳の専業主婦が夫を亡くしてからのキャッシュフローの例
（持ち家で、住宅ローンは団体信用生命保険で相殺）

年数		1	2	3	4	5	6	7	8	9	10
西暦		2019	2020	2021	2022	2023	2024	2025	2026	2027	2028
妻の年齢	（歳）	37	38	39	40	41	42	43	44	45	46
長男の年齢	（歳）	8	9	10	11	12	13	14	15	16	17
次男の年齢	（歳）	6	7	8	9	10	11	12	13	14	15
イベント・予定など		住宅ローンは団信で相殺	第2子小学校入学				第1子中学校入学		第2子中学校入学	第1子私立高校入学	
遺族年金など	上昇率 0.0%	195	195	195	195	195	195	195	195	195	195
保険金・死亡退職金		4,000									
手取収入合計		4,195	195	195	195	195	195	195	195	195	195
基本生活費	1.0%	160	162	164	166	168	170	172	174	176	178
住宅維持費	0.0%	34	34	34	34	34	45	45	45	45	45
教育費		30	61	62	64	65	83	84	103	228	149
支出合計		224	257	260	264	267	298	301	322	449	372
年間収支		3,971	-62	-65	-69	-72	-103	-106	-127	-254	-177
貯蓄残高		4,271	4,230	4,186	4,138	4,087	4,005	3,919	3,811	3,576	3,416

遺族年金が出るまでの期間をどう乗り切る？

■遺族年金が支給されるまでの生活費は？

遺族年金の要件を満たす方には、遺族年金が支給されますが、手続きをしてもすぐに支給されるわけではありません。書類を提出してから、だいたい3か月くらい、ほかの年金からの切り替えの場合は4か月くらいかかることがあります。支給は、2か月に一度、偶数月に支給されます。

もちろん、支給されるまでの期間も生活費が必要になってきます。そこで気をつけたいのは、夫名義の預貯金は、夫の死亡を金融機関が知った時点で口座が凍結されおろせなくなることです。当座の生活に必要なお金は、亡くなる前に引き出しておくか、普段から妻名義の預貯金で持っておいたほうがいいでしょう。

なお、相続法の改正により、2019年7月1日以降は、遺産分割協議が整う前でも、預貯金の一部を引き出せるようになります。金額としては、法定相続分の3分の1まで（最高150万円まで）です。また、家庭裁判所で遺産分割の審判や調停中であっても、他の相続人の利益を害しない限り、家庭裁判所の判断で仮払いが認められることになります。

■母子福祉資金

母子家庭を対象に必要な資金を貸し出す自治体もあります。内容は自治体によって異なりますので、福祉事務所などで確認してみましょう。以下は東京都の例です。

〈東京都福祉資金貸付〉

現在、都内に住んでいる母子家庭の母で、20歳未満の子供を扶養している方が対象です。資金の種類は、生活資金、住宅資金、就職支度資金、児童扶養資金、修学資金、就学支度資金などがあり、無利子で借りられます。申請から1か月以上かかります。

資金の種類に応じて貸付限度額、据置期間、償還期限などが異なります。ただし、連帯保証人が1人必要です（いない場合は、年利1%で利用できます）。

配偶者の親族と縁を切る？　姓はどうする？

■「姻族関係終了届」が必要

夫が亡くなったあと、その親族との関係をどうするか、あなた自身の姓をどうするかも考えてみる必要があります。

夫側の血縁者との法律上の関係を姻族関係といい、三親等内の姻族は親族とされています。その姻族関係は、離婚の場合は離婚と同時に終了しますが、夫が亡くなった場合では、その関係は解消されません。

もし、この姻族関係を終わらせたい場合には、「姻族関係終了届」を、現住所あるいは本籍地の役所に提出します。この手続きには、姻族の同意は必要ありません。

姻族関係が終了すると、いわゆる「縁が切れる」ことになります。あなたと親族との関係はなくなり、扶養などに関する権利や義務もなくなります。ただし、この「姻族関係終了届」を出しても、子供と夫の親族との関係は変わりません。

■姓の変更は妻と子で異なる

次に姓について考えてみましょう。「姻族関係終了届」を出して、姻族関係が終了しても、戸籍と姓はそのままです。旧姓に戻したいという場合には、手続きが必要です。それには、「復氏届」を現住所あるいは本籍地の役所に提出します。これを提出すると、旧姓に戻ると同時に結婚前の戸籍に戻ります。結婚前の戸籍に戻らず、新しい戸籍をつくることもできます。

亡くなった夫との間に子供がいる場合には、「復氏届」を出しても、子供の姓と戸籍は変わりません。**子供の姓と戸籍を変えるには、新たな手続きが必要**です。まず、家庭裁判所に「子の氏変更許可申立書」を提出します。裁判所から「許可審判書」が出たら、これを添えて役所に「入籍届」を提出します。これで、子供の姓も同じになり、同じ戸籍とすることができます。

遺族年金はどうなる？

■遺族がもらえる年金とは

公的年金の加入者が亡くなった場合、一定の条件を満たせば遺族は遺族年金を受け取ることができます。遺族年金には、国民年金から支給される「遺族基礎年金」と厚生年金から支給される「遺族厚生年金」があり、夫がどの保険の被保険者であったか、また遺族の状況などによって受け取れる年金が違います（↓114ページ）。

夫が自営業などで国民年金の被保険者だった場合は「遺族基礎年金」になりますが、この年金は一定年齢以下の子供がいないと受け取れません。また、夫が会社員・公務員などで厚生年金の被保険者だった場合は、「遺族厚生年金」が支給されます。子供がいれば、「遺族基礎年金」も同時に受け取れます。さらに、要件を満たせば、「中高齢寡婦加算」がつきます。

■「遺族基礎年金」が受け取れる条件

〈死亡した人について〉

・国民年金の被保険者、または老齢基礎年金の受給資格を満たしていること。保険料納付済期間（保険料免除期間を含む）が加入期間の3分の2以上あること

・1年以内に未納がないこと

〈受け取れる人〉

・死亡した人によって生計を維持されていた子供のある妻、および子供

この場合、子供は18歳に達した年度末（3月31日）を経過していないこと（子供が障害等級1級または2級の障害者の場合は20歳未満）

・年収850万円未満の人に限られる

〈受給額〉

基本額（78万100円）+子の加算

子の加算額は、1人目・2人目は1人につき22万4500円、3人目以降は1人につき7万4800円（平成31年度価格）。

◆遺族年金のしくみ

・厚生年金に加入の場合
（厚生年金に加入の夫が38歳で死亡時、妻30歳、子供5歳のケース）

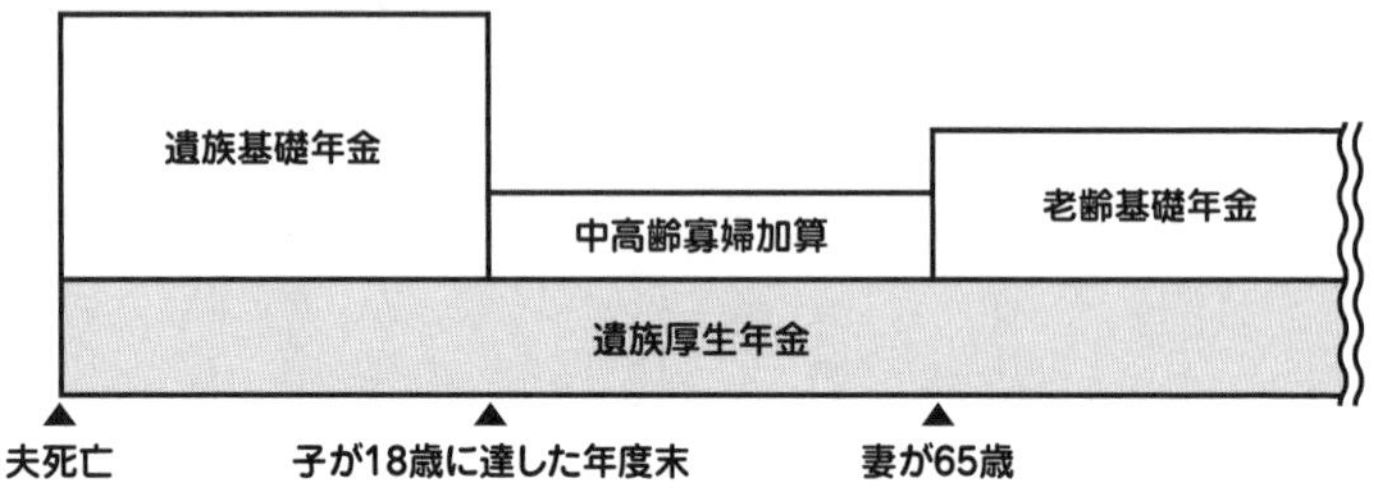

■「遺族厚生年金」が受け取れる条件

〈死亡した人について〉

・厚生年金の被保険者、または被保険者期間中の傷病がもとで初診の日から5年以内に死亡した場合

・保険料納付済期間（保険料免除期間を含む）が国民年金加入期間の3分の2以上あること

・老齢厚生年金の受給権者が死亡したとき

・1級・2級の障害厚生年金の受給者が死亡したとき

〈受け取れる人〉※

・遺族基礎年金の支給の対象となる遺族。遺族の範囲は、優先順位が高い順に、①妻または子供、②父母、③孫、④祖父母。ただし、亡くなった夫によって生計が維持されていて、年収850万円未満の人に限られる

〈受給額〉

厚生年金の加入期間と標準報酬月額で決まる。加入期間が25年未満なら25年加入として計算

※子のいない30歳未満の妻が遺族になった場合は、遺族年金が受け取れるのは5年間のみになりました。

■「中高齢寡婦加算」がもらえるケース

遺族厚生年金の受給権者が次の条件に該当する場合は、遺族厚生年金に加え、中高齢寡婦加算が、40歳から65歳に達するまで加算される（平成31年度、58万5１００円）。

・夫が在職中に死亡したとき
・夫の被保険者期間が20年以上であること
・子のない寡婦の場合は夫の死亡時、40歳以上65歳未満であること
・18歳未満（障害のある子供は20歳未満）の子供のいる寡婦の場合、夫の死亡時40歳未満であっても受給できるが、遺族基礎年金を失権したときに40歳以上であること。遺族基礎年金を受給している間は、中高齢寡婦加算は受給できない

■「経過的寡婦加算」がもらえるケース

中高齢寡婦加算は、妻自身の老齢年金が受給できる65歳になると受け取れなくなります。ただし、昭和31年4月1日以前生まれの妻には、中高齢寡婦加算に代わって、65歳から経過的寡婦加算が支給されます。経過的寡婦加算の金額は中高齢寡婦加算額－妻の老齢基礎年金額となります。

そのほかに、国民年金第1号被保険者の独自の給付に次の制度があります。

■「寡婦年金」がもらえるケース

〈受給の条件〉

国民年金第1号被保険者として、保険料納付済期間（保険料免除期間を含む）が25年以上ある夫が老齢年金を受けずに死亡した場合で、婚姻期間が継続して10年以上の妻であること

〈受給額〉 亡くなった夫が65歳から受給したであろう老齢基礎年金（第1号被保険者期間分）の4分の3の額を60歳から65歳に達するまで受給する。

■「死亡一時金」がもらえるケース

国民年金第1号被保険者の夫が3年以上保険料をおさめて死亡したときに支給。寡婦年金と死亡一時金はどちらか一方のみの受給となる。

〈受給の条件〉

・夫が、第1号被保険者としての保険料納付済期間と保険料半額免除期間の2分の1を合わせた期間が3年以上ある場合

・亡くなった夫が過去に老齢年金あるいは障害基礎年金を受給していないこと

〈受給額〉 保険料納付済期間によって異なる

妻自身の老齢年金はどうなる？

自分自身の老齢年金についても確認しておきましょう。夫の職業のほか、妻自身が会社員・公務員、自営業、夫の扶養になっていたかどうかなどで老齢年金は違ってきます。主なケースで説明しましょう。

■亡くなった夫が会社員・公務員で夫の扶養になっていた妻のケース

夫が会社員・公務員で厚生年金に加入していて夫の扶養になっていた場合、妻自身は国民年金の第3号被保険者になっていたはずです。要件を満たせば、遺族厚生年金、遺族基礎年金、中高齢寡婦加算を受給できます（子のいない30歳未満の妻が遺族になった場合は、遺族年金が受け取れるのは5年間のみです）。

夫が亡くなったあとは、国民年金の第1号被保険者への種別変更手続きをし（正社員として働き出したら第2号被保険者へ種別変更を行なう）、自分で国民年金の保険料を納めていかなければなりません。

手続きは最寄りの市町村役場か年金事務所で行ないます。妻が65歳以上で、18歳未満の子どもがいない場合は、「遺族厚生年金＋妻の老齢基礎年金」が受け取れます。

■亡くなった夫が会社員・公務員で妻自身も会社員のケース

妻が厚生年金に加入している、あるいは、過去に厚生年金に加入したことがある場合の老齢年金は、妻が自分の老齢厚生年金を全額受給した上で、夫の遺族厚生年金（遺族厚生年金より「遺族厚生年金×2／3＋自分の老齢厚生年金×1／2」のほうが大きい場合はその額）との差額が発生する場合のみ、その差額分を遺族厚生年金として受け取るしくみになっています。

■亡くなった夫も妻も自営業だったケース

この場合は、妻自身も国民年金に加入しているはずです。子供がいる場合は、遺族基礎年金を受給できます。この遺族基礎年金は、子供が18歳に達した後の3月31日までの支給です。遺族基礎年金を受給中でも、いままでと同様に国民年金の保険料を支払います。65歳以降に老齢基礎年金が支給されます。

■国民年金の保険料が払えない場合は…

夫の死後、生活が苦しく国民年金の保険料が払えない場合は、前年度の所得などの要件を満たせば、本人の申請によって保険料が免除される制度があります。免除の種類は、全額免除、4分の3免除、半額免除、4分の1免除の4種類あります。

保険料を支払わなければその間は未納期間になってしまいますが、**「免除期間」なら、老齢基礎年金の受給権算定の資格期間にカウント**されます。ただし、年金の額を計算する場合、全額免除については保険料を全額納付した場合の2分の1、4分の3免除は8分の5、半額免除は8分の6、4分の1免除は8分の7として計算されます。

もう1つ、「納付猶予制度」もあります。50歳未満で、前年所得が一定額以下の場合、申請が承認されれば保険料納付が猶予されます。納付猶予の期間は受給資格期間にはカウントされるものの、免除と異なり老齢基礎年金額は増えません。

保険料免除も納付猶予も、10年以内であれば、後から追納して老齢基礎年金の受給額を満額に近づけることも可能です。

再婚したら遺族年金はどうなる？

再婚したら、遺族年金はどうなるのでしょうか。再婚した場合は、**それまで受給していた遺族年金はもらえなくなってしまいます**。これは、入籍しなくても、事実婚であれば遺族年金は支給停止になってしまいます。

妻自身の年金はケースによって異なります。妻自身が、会社員として厚生年金に加入している、あるいは自営業を営み国民年金に加入している場合で、再婚後もそのまま仕事を続ける場合は年金も変更がありません。

再婚後、会社員で厚生年金に加入している夫の扶養に入る場合は、国民年金の第3号被保険者となり、その後は保険料を納める必要はありません。この手続きは、夫の会社でしてもらうことになります。また、再婚した夫が自営業の場合は、そのまま第1号被保険者として国民年金保険料を納めます。

労働災害や自動車事故で亡くなった場合にもらえるお金

業務上の事故や通勤途上の災害で亡くなった労働者は、「労働者災害補償保険」（いわゆる「労災保険」）の対象になります。また、交通事故で亡くなった場合、遺族は自動車損害賠償責任保険の支払いを受けられます。

■「労災保険」からもらえるお金

労災保険は、業務上や通勤途上の災害に対して補償給付するものです。対象となるのは、会社などで働く正社員、アルバイト、パートタイマー、外国人労働者などすべての労働者です。中小企業主や個人タクシー、一人親方などの自営業者も「特別加入」すれば、この制度の適用を受けられます。

業務上や通勤途上の災害で死亡した場合、故人の収入によっ

て生計を維持していた遺族には「遺族補償給付」や「葬祭料」が支払われます。ほかの遺族年金も受給する場合は、満額ではなく支給額が調整されます。

・**遺族補償給付**…給付基礎日額の153~245日分（遺族の人数や妻の年齢等で異なる）の年金あるいは300万円の一時金が支給される

・**葬祭料**…「31万5000円＋給付基礎日額の30日分」、または「給付基礎日額の60日分」のいずれか多いほうが、遺族または葬祭をした人に支給される

手続きについて詳しくは、127ページを参照してください。

■自動車損害賠償責任保険からの支給

すべての自動車の所有者には、自賠責保険（自動車損害賠償責任保険）に加入することが義務づけられています。自賠責保険は、自動車事故の被害者救済等のためにつくられた保険で、交通事故で死亡したり、傷害を受けたりした場合に支払われます。自賠責保険の支払い限度額は、死亡事故の場合は死亡による損害に対して、1名につき3000万円までとなっています。

保険金の請求は、被保険者である加害者だけでなく、被害者か

らも請求することができます。請求先は、加害者の加入している保険会社です。請求する際は、「自動車損害賠償責任支払請求書」と、「交通事故証明書」「死亡診断書」などの書類が必要になります。

気をつけなければならないのは、保険金を保険会社に請求できる期限は2年という点です。期限をすぎると時効になり、請求権がなくなってしまいます。この期限をすぎてしまう可能性がある場合は、保険会社に時効中断の申し出をし、確認を受けておく必要があります。

また、ひき逃げや盗難車による事故など、自賠責保険で補償されないケースで死亡した場合、政府が損害賠償補償事業を行なっています。政府の補償事業は外国保険会社を除く、損害保険会社が窓口となって受け付けています。

何か困ったことがあれば、自治体や警察などの交通事故に関する相談窓口で相談してみましょう。

死亡保険金はいくら受け取れる？　どう使う？

■死亡保険金を受け取る

亡くなった夫が生命保険等に加入していた場合、死亡保険金の請求の手続きをします。まず、夫の加入していた保険の内容を確認し、保険会社に連絡します（詳しくは130ページ）。葬儀費用として急いで受け取った保険金以外のものも確認してしっかり受け取りましょう。

■保険金はどう受け取る？

高額な保険金の場合、どう受け取るのかは重要なポイントです。

死亡保険金はタイプにもよりますが一度に大金が支払われることも多いので、浪費してしまったり、リスクのある金融商品や必要のない高額な保険を契約してしまったりするケースもあるようです。年金のように月々受け取れるものもあるほか、保険会社に預けておいて少しずつ取り崩す方法もあります（利息もつく）。

保険金の受け取り方を考える際には、2つの点に注意が必要です。

1つは税金です。たとえば、収入保障保険に入っていた場合、年金か一時金か受け取り方が選べますが、迷う人も少なくありません。亡くなった夫が契約者・被保険者で妻が保険金受取人の場合、一時金で受け取れば相続税の対象です。一方、年金で受け取る場合は、死亡時の評価額が相続税の対象になるほか、年金受取時にも保険金から保険料を引いた分が所得となり、ほかの収入と合算したものに所得税がかかります。税金面ではどのような受け取り方がよいのかは、その後の働き方等も含め、シミュレーションして決めたいもの。

もう1つは、その保険金の目的です。何のために使うお金かをはっきりさせることも重要でしょう。妻や子供の生活費なのか、教育費なのか、妻自身の老後資金なのか、マイホームの修繕費用等にも充てる分なのか…。196ページのライフイベント表を見ながら考えてもいいでしょう。

ドンと入ってきた保険金でいきなり投資をするのはリスクがあります。銀行や保険会社に勧められた場合も、ひと呼吸おいて、まずは、落ち着いて生活設計を考えてみましょう。迷ったときは、中立的な立場のファイナンシャルプランナーに相談してみるといいでしょう。運用を考えるのはそれからです（運用に関しては245ページ参照）。

母子、寡婦が利用できる制度は？

母子家庭や寡婦に対して、国や自治体では、手当の支給、低利の融資などのほか、税制面での優遇を行なっています。母子、寡婦が利用できる主な制度を紹介しましょう。自治体独自の制度もありますので、役所や地域の福祉事務所などで確認してみましょう。

■児童扶養手当

父親がいない子供を養育している母親に、子供が18歳になった年の年度末（障害のある子供の場合は20歳未満）まで支給します。母親の前年度の所得によって、満額支給、一部支給があります（所得制限あり。詳しくは222ページ参照）。

自治体によっては、これとは別に独自の手当を設けているところもあるので、確認してみましょう。

■ひとり親家庭の医療費助成制度

子供（18歳になった年度末まで。子供に障害がある場合は20歳未満まで）がいるひとり親の家庭等に医療費の一部を助成する制度です（所得制限あり）。住民税課税世帯は自己負担が1割となり、住民税非課税世帯は自己負担はありません。

■母子父子・寡婦福祉資金の貸付け

20歳未満の子を扶養している母子家庭や寡婦を対象に、事業資金、就職支度金、技能習得資金、就学資金など十数種類の目的別に、無利子または低利で融資してくれます。母子・寡婦の経済的な自立を後押しする制度です。自治体によって内容や運用が若干異なります。

■マル優・特別マル優制度

マル優制度とは「少額貯蓄非課税制度」、特別マル優制度とは「少額公債非課税制度」のことで、障害者等に該当する場合、預貯金や国債等の利息が非課税になる制度のことです。かつて、対象だった65歳以上の高齢者は平成18年から利用できなくなりましたが、障害者手帳を持っている人や遺族年金の受給者、寡婦年金の受給者は引き続き利用できます。

マル優制度は預貯金などで350万円まで、特別マル優制度は個人向け国債・公募地方

◆母子・寡婦が利用できる制度

制度	問い合わせ先
児童扶養手当	各市区町村役場
医療費助成制度	各市区町村役場
母子・寡婦福祉資金	各市区町村・福祉事務所
マル優・特別マル優制度	各金融機関
税の軽減	税務署等

債などで350万円まで、合わせて700万円までの利子が非課税になります。利用するためには、金融機関に所定の申請書と本人確認資料の提出が必要です。

■税の軽減・その他

所得税の申告の際、寡婦や母子家庭で要件にあてはまる場合は、「寡婦控除」が受けられ、税金が軽減されます。このほかにも、自治体では、母子家庭や寡婦に対する生活や自立の相談、法律的な問題に関する相談、母子家庭や寡婦に対するヘルパーの派遣事業なども行なっていますので、問い合わせてみてください。

■福祉定期

遺族基礎年金、障害基礎年金などを受けている人が銀行で利用できる満期1年の定期預金です。ゆうちょ銀行の例で、300万円まで利率が0・1%上乗せになります。上乗せ金利など、金融機関で異なる場合があります。

児童扶養手当は利用できる？

■児童扶養手当とは？

児童扶養手当は、ひとり親家庭の生活の安定と自立を助けるための制度で、父親の死亡などにより、18歳に達した年度末までの児童（心身に一定の障害を持つ児童は20歳未満）を監護し、日本国内に住所を有している母親などが受けられます。所得が一定以下などの要件を満たせば手当が支給されます。平成22年8月から父子家庭も支給対象になりました。

以前は遺族年金などの公的年金や労災年金などの遺族補償を受けている場合は利用できなかったのですが、平成26年12月からは年金額が児童手当より低い場合は、差額分の児童扶養手当を受けられるようになりました。

支給を受ける場合には認定請求をする必要がありますので、最寄りの市区町村役場で相談してみましょう。

◆児童扶養手当の所得制限（平成30年8月〜令和元年7月）

扶養親族等の数（※）	手当を請求する人（本人）の所得（年収）制限		同居の親・兄弟姉妹（子供の祖父母やおじ・おば）などの所得（年収）制限
	全部支給	一部支給	
0人	49万円	192万円未満	236万円未満
1人	87万円	230万円未満	274万円未満
2人	125万円	268万円未満	312万円未満
3人	163万円	306万円未満	350万円未満

※扶養親族等が4人目以上は、1人につき38万円が加算される
扶養親族等とは、課税台帳上の扶養親族のことをいう。親などを扶養している場合も含む

■所得制限と手当額

児童扶養手当の支給には所得制限があり、前年（1〜6月に申請した人は前々年）の所得額によって決まります。平成30年度の場合、所得限度額は、母と子供1人の世帯では、所得が年額87万円未満の場合は全額の月額4万2500円が支給され、所得が年額87万円以上230万円未満の場合には一部支給されます。一部支給は、所得に応じ4万2490円から1万30円までとなります。第2子については全部支給で1万140円、一部支給の場合は1万130円から5070円の加算です。3人目以降は全部支給で6080円、一部支給で6070円から3040円の加算です。

支給は年3回だったものが、2019年11月より年6回（5月、7月、9月、11月、1月、3月の奇数月）に変わります。

働くことも考えよう

■働く目的を定める

いまや日本女性の平均寿命は87・26歳（2017年）。65歳まで生きた女性の余命を足すと89・43歳。夫亡きあとも、長い人生が残されています。家計を支えるため、あるいはご自身の気持ちの張りを保つため、働くことも考えてみましょう。中高年の就職、ましてや幼い子供がいる場合の就職には厳しいものがありますが、最近では、短時間勤務や在宅での就業、起業など、多様な働き方の選択が可能になっています。いままでの経歴や資格、特技、趣味などを活かして働くことを考えましょう。

自己実現のために働くなら、どのように自分を活かしたいのか、家計のために働くなら、どれくらいの収入を目標とするのか、ある程度はっきりさせておいたほうが仕事を探しやすいと思います。キャッシュフロー表（↓198ページ）なども見ながら、長期視点で自身の働き方を考えてみましょう。

■自治体の支援事業

国は自治体と協力して、母子家庭の就業支援に力を入れています。

〈自立支援教育訓練給付金〉

母子家庭の母の主体的な能力開発の取組みを支援するもので、対象となる教育訓練を受講して、無事に修了した場合、経費の60％（1万2000円超、上限20万円）が支給されます（雇用保険の「一般教育訓練給付金」を利用する場合は差額を支給）。

20歳未満の子を扶養していて、児童扶養手当の支給を受けているか同等の所得水準にあることが条件です。受講前に都道府県等から講座の指定を受ける必要があるので、必ず事前に住んでいる自治体に相談しましょう。

〈高等職業訓練促進給付金等事業〉

母子家庭の母が看護師や介護福祉士、保育士、歯科衛生士、理学療法士等、就職率の高い資格を取得するために1年以上の養成機関で修業する場合、給付金が受け取れます。20歳未満の子を扶養していて、児童扶養手当の支給を受けているか，同等の所得水準にあることが条件です。給付金は次の2つです。

○「高等職業訓練促進給付金」（修業期間中）

支給月額10万円　（市町村民税非課税世帯）

月額7万500円（市町村民税課税世帯）

＊支給期間修業期間の全期間（上限3年）

○「高等職業訓練修了支援給付金」（修了後）

支給額　5万円（市町村民税非課税世帯）

2万5000円（市町村民税課税世帯）

■子供が小さいときは…

子供が就学前に仕事に就く場合には、保育所などの確保も必要です。ひとり親の場合、保育所の入所は優先されますが、希望者が多数いる場合や保育所の空きがない場合もあるので、各自治体の担当課に相談してみましょう。実際に保育所に見学に行ってみるなど、自ら働きかけてみることも大切です。また、子供が病気になったときや急な残業のときのお迎えなどをどうするかについてもアタリをつけておきましょう。できれば近くに協力してくれる人がいたほうが安心ですが、業者の利用を含めて調べておきましょう。

働く場合には、いままでのように家事ができなくなったり、家族の協力が必要となったりしますので、事前によく話し合って理解を得ておくことが必要です。ご自身の実家、義父、義母などの協力を得られる環境にしておいたほうがよいでしょう。

子供の教育はどうする？

■学費の目安を知っておこう

一家の大黒柱を失ったあと、子供の教育をどうするかは大きな問題です。できれば、いま受けている教育を継続させたい、今後についてもなるべく子供の希望に沿った学校に進学させたいと思うのが親心でしょう。夫の入っていた生命保険などで十分にまかなえる場合は問題ありませんが、そうでない場合は、まずは子供と話し合って希望を確認し、教育資金プランを立てましょう。

次ページに、子供の教育費のデータを載せました。これは、学校外の活動費も含んだものですが、私立と公立では費用が大きく変わってきます。当然ながら、大学まで進学するか否か、専門学校に行く、あるいは大学院へ行く、留学するなど、さまざまな選択によって教育費は変わってきます。ここで出した金額をそのまま貯める必要はありませんが、**大学時代の費用２００万～３００万円以上を目標に準備しておく**と安心です。できるだけ余

◆教育費（幼稚園〜高校）

（単位：万円）

区分	公立	私立
幼稚園（３年間）	70.2	144.6
小学校（６年間）	193.2	916.8
中学校（３年間）	143.7	398.1
高校（３年間）	135.3	312.0

文部科学省「子どもの学習費調査（平成28年度）」より筆者作成

◆教育費（大学時代）

（単位：万円）

区分		入学費用※1	在学費用(年額)※2	４年間合計※3
国公立		69.2	108.5	503.2
私立	文系	92.9	161.3	738.1
	理系	87.0	180.2	807.8

※1　受験費用、学校納付金、入学しなかった学校への納付金
※2　授業料、通学費、教科書費、施設設備費、学習塾、参考書、習い事等
※3　自宅外は別途仕送りが年93万円
日本政策金融公庫「平成28年度　教育費負担の実態調査結果」をもとに筆者作成

裕をもって、早めに準備しておきたいものです。

■教育費が苦しいとき

夫が亡くなり家計が急変して教育費が苦しい場合は、国公立でも私立でも、専門学校等でも学費の減免を申請できます。

日本学生支援機構では、家計を支えていた人が死亡し、緊急に奨学金を必要とする場合には、年度途中でも申し込めるようになっています。自治体でも、母子家庭などに対し、入学に必要な就学資金や高校、大学などの修学資金を無利子などで融資してくれます。そのほか、国の教育ローン（日本政策金融公庫）など低利の教育ローンを活用する方法もあります。

■日本学生支援機構

学校教育法による高等学校、短期大学、大学院、高等専門学校、専修学校（高等課程・専門課程）に在学する学生を対象とし、学校長の推薦を受けた申込者について選考のうえ、採否が決定します。

・給付型奨学金（返済不要）

国の税金を財源として、意欲と能力のある若者の進学をサポートしています。住民税非課税世帯等が対象で、申込みは進学前のみ。給付額は、国公立で月2万円（自宅外で3万円）、私立で月3万円（自宅外で4万円）。返済は不要です。

・第一種奨学金（無利息）

とくに優れた学生および生徒で経済的理由により著しく就学困難な者に貸与。無利息で、貸与月額は学種別、設置者、採用年度、通学形態別に定められています。「高校時代の成績が5段階で3・5以上」が成績要件ですが、低所得世帯については、成績要件はありません。

・第二種奨学金（利息あり）

第一種奨学金よりゆるやかな基準によって選考された者に貸与。利息あり（在学中は無利息）、年利上限3％。大学なら3万、5万、8万、10万、12万円の貸与月額から自由に選択できます。

■高等教育（大学等）の無償化

２０１９年10月の消費税増税分を財源として、２０２０年4月から高等教育（大学等）の無償化もスタートする予定です。税金を使った給付型奨学金は、２０１７年より住民税非課税世帯を対象にスタートしていますが、これが拡充する形になりそうです。

〈減免の内容〉

・入学金…国立大学で28万２０００円、私立大学で上限25万３０００円が減免
・授業料…国立大学で53万６０００円、私立大学で上限70万７０００円が減免
・生活費等…修学費、課外活動費、通学費、食費、住居・光熱費（自宅外生）、通信費等と、授業料以外の学校納付金（私大生）、受験料などを給付

〈対象となる世帯〉

・住民税非課税世帯（年収２７０万円未満）：満額支援
・年収３００万円未満の世帯：住民税非課税世帯の3分の2
・年収３００万〜３８０万円未満の世帯：住民税非課税世帯の3分の1
＊ただし、両親・本人・中学生の4人家族の場合

夫亡きあとの住まいはどうする？

■今後はどのように暮らす？

夫亡きあと、家をどうするかという問題は、持ち家か、賃貸住宅かによっても違ってきます。

持ち家で、夫が住宅ローンを組んで購入していた場合は、一般に、団体信用生命保険に入っていますので、残りの住宅ローンの支払いは免除となるはずです。家が、亡くなった夫名義の場合、相続の問題も絡んできます。妻が相続し、そのまま住み続けられる状況であれば、住まいの確保という点で安心でしょう。

家の問題は、今後、どのように暮らしていくかということに密接にかかわってきます。たとえば、子供が独立するまで夫が残した一戸建てに暮らし、そのあとはマンションに住み替える、あるいは、子供が結婚してもその家で同居するなど、家族の状況や暮らし方によっていろいろな選択が出てくると思います。両親を呼び寄せて同居し、子供の面倒を見てもらい、妻が働きに出るというケースもあるでしょう。

賃貸住宅に住んでいた場合は、住居費のコストを下げたいと考える人も多いでしょう。ただし、現実問題として、母子家庭や寡婦の場合、住居を借りるのが難しい場合があります。住み替えを検討する場合でも、実際に新しい家の賃貸契約を結んでから、前の家を解約したほうが無難です。また、住居に困った場合などは、公営住宅や母子生活支援施設などへの入居を役所などに相談してみるのも一つの方法です。あるいは、夫の保険金その他で老後までゆとりがありそうなら、小さな家を購入するのも手かもしれません。

母子家庭や寡婦の場合、住居の確保は難題です。とくに、老後の住居の確保は切実な問題です。家の問題は、家族と相談し、将来のことまで視野に入れて、慎重に考えたいものです。ご主人が亡くなって、混乱している間に結論を出すのは避けましょう。

■団体信用生命保険に入っていなかった場合の住宅ローン

団体信用生命保険は、住宅ローン返済者が住宅ローン返済中に死亡したり、高度障害状態になったりした場合に、残った住宅ローンの全額を保険金によって支払うというものです。この団体信用生命保険に加入していれば、ローンを支払っていた夫が亡くなったとしても残りの住宅ローンは保険で完済されます。

一般に、民間の金融機関で住宅ローンを借りる場合、団体信用生命保険に加入することが条件になっているので、民間金融機関の住宅ローンを借りている人は団体信用生命保険に入っている人がほとんどです。ただし、旧住宅金融公庫の住宅ローンや「フラット35」の場合は、団体信用生命保険への加入が任意となっているので、加入していない人もいるかもしれません。

では、ローンを返済していた夫が団体信用生命保険に加入していなかった場合、夫が亡くなったあとのローンの支払いはどうなるのでしょうか。その場合は、その家を相続した人が、残りの住宅ローンを引き継ぎ、支払っていくことになります。受け取った死亡保険金や死亡退職金などで返してしまうのも一つの手です。

■住宅ローンの返済が厳しいときは？

住宅ローンの返済が困難な場合は、延滞をする前に金融機関に相談しましょう。返済条件の変更などに応じてもらえる場合があります。

ローンの返済期間を延長して月々の返済額を減らす、一定期間の返済額を減らす、元本の支払いを一時休止し（最長3年）利息のみを払うなどの方法もあります。たとえば、子供が小さくて働けない期間の返済額を少なくしてもらい、その後、ご自身の収入で返済していくというのも一つの方法でしょう。ただし、一定期間の返済額を減らした場合、その後の返済額はそれ以前より多くなったり、月々の返済を減らして返済期間を延長した場合、総返済額が多くなってしまう点には注意が必要です。逆に、余裕資金がある場合は、繰上げ返済して返済額を減らす方法もあります。

現在の資産状況、今後の収入などによっても、対処法が違ってきます。どうしても返済が厳しいときは、家を手放さざるを得ないケースもあります。

知っておくべき住宅の贈与と配偶者居住権

夫が亡くなってからの妻自身の生活を安定させるためには、住宅の確保が非常に重要です。親子関係があまりよくない場合などはとくに慎重に考えておきましょう。いずれにしても、夫が元気なうちによく話し合っておきたいものですね。

■結婚20年以上の夫婦間の住宅の贈与は持戻しが免除（2019年7月より）

結婚20年以上の夫婦の間で、居住用の不動産やそれを取得するための金銭の贈与が行なわれた場合、2000万円までは控除（配偶者控除）の対象となって、非課税です。これに基礎控除の110万円をプラスすれば、2110万円までは非課税で贈与を受けることができます。

このことは多くの方が知っていると思いますが、実はこれまでだと、せっかくこのしくみを利用して自宅の名義変更をしたとしても、実際に相続する段階で、「遺産の先渡しを受けた」――つまり、特別受益があった――ものとして、その分も相続財産に戻して（持戻し）遺産分割協議が行なわれていました。残念なことに、妻が最終的に取得する額は贈与等がなかった場合と変わらない結果になっていたのです。

これが、2019年7月1日から変更になります。以後は、この贈与をした場合、「持戻しの免除」の意思表示があったものと推定されることになります。つまり、持戻しをせずに遺産分割できることになり、妻に、より多くの相続財産が残せるようになります。

たとえば、相続人が妻と子供1人で、相続財産が自宅（評価額2000万円）と預金（3000万円）だったとします。夫婦は結婚20年以上で、夫は亡くなる前に自宅（評価額2000万円）を妻に贈与し、名義を変更しました。

夫が亡くなって、相続財産を法定相続分の2分の1ずつで分割すると、改正前であれば、生前贈与分を持ち戻して、妻は自宅2000万円＋預金500万円、子供は預金2500万円といった分け方になります。持戻しがなければ、妻は自宅2000万円＋預金1500万円、子供は預金1500万円となります。

生前贈与だけでなく、遺言での贈与（遺贈）でも可能です。結婚20年経ったときには、一度検討しておきたいものですね。

■「配偶者居住権」で住む権利を確保（2020年4月より）

「配偶者居住権」は、民法の相続法改正で2020年4月1日からスタートします。亡くなった夫が所有していた家に妻が住んでいた場合に、その後も終身または一定期間、無償で住み続けることができる権利です。

具体的には、建物に関する権利を「負担付き所有権」（居住権のない所有権）と「配偶者居住権」とに分け、遺産分割の際などに、妻が「配偶者居住権」を、ほかの相続人が「負担付き所有権」を取得します。あるいは、夫が遺言などに書いておくことで、妻に「配偶者居住権」を取得させることもできます。

配偶者居住権は一般の所有権と異なり、売却や貸与はできない分、評価額は安くなるものの、妻は自宅に住み続けることができます。しかも、預貯金などの財産も多く取得できるメリットがありますから、老後の長い妻の生活を安定させることにもつながります。

たとえば、夫が亡くなり、相続人が妻と子供1人で、相続財産が自宅（評価額2000万円）と預金（3000万円）だったとします。法定相続分の2分の1ずつ分割する前提で、なおかつ妻が家に住み続けるために住宅を取得すると、妻は自宅2000万円＋預金500万円、子供が預金2500万円となってしまいます。金融資産が500万円では、妻の老後資金は十分ではありませんよね。

◆配偶者居住権の例

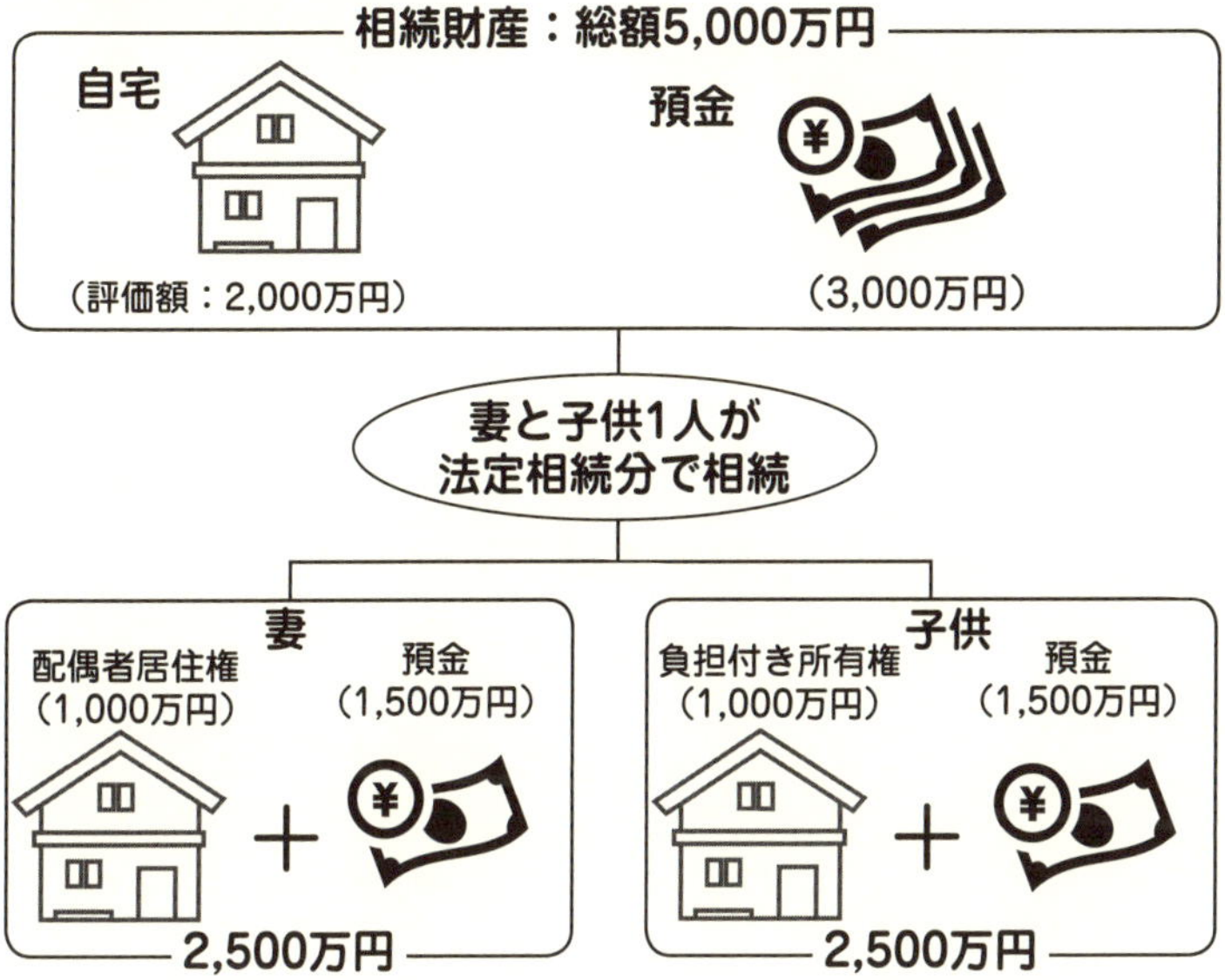

ところが、2020年4月1日以降は、仮に配偶者居住権の評価額が1000万円だったとすると、妻は「配偶者居住権」（1000万円）＋預金1500万円を相続できます。子供は「負担付き所有権」（1000万円）＋預金1500万円となります。

結婚して20年経っていない場合、あるいは20年経っていたけれど住宅の贈与の制度を使わないまま夫が亡くなり遺言にも書いてなかった…という場合は、遺産分割の際に、この「配偶者居住権」を活用するといいかもしれません。

最大の不安が老後の生活

夫に先立たれ、あなた一人の老後を考えると不安は募ることと思います。老後を安心して迎えるには、老後のマネープランを考えておくことも必要です。

では、老後の生活費や収入について考えてみましょう。

■人生百年時代はマネー戦略が必要

少し前まで、「人生85年」だったものが、最近は「人生百年時代」といわれるようになりました。65歳で仕事を辞めれば、100歳までは35年もあります。「老後25年」が「老後35年」となって10年延びると、単純に期間は1・4倍です。65歳で仕事を辞めてのんびりしたい、などと考えているなら、老後資金は4割増しで必要になるのです。

老後資金の目安として、「おひとり様で2000万円」などといわれますが、4割増しだと「おひとり様で2800万円」です。しかも、これ以外に最近は介護の予備費として

1人約500万円（生命保険文化センターの平均データで試算）も確保しておきたい時代ですから、恐ろしい額になってしまいます。

女性は男性より6歳寿命が長く、しかも、高齢単身女性の5割以上が貧困状態（所得の真ん中の人の2分の1を下回っている）にあるというデータもあります。意識して長生きに立ち向かっていく必要があります。できることは次のようなものだと思われます。

〈今できる準備〉
☑ 老後資金を準備しておく
☑ お金や資産にも働いてもらう
☑ 生涯現役で働く準備をする
☑ 健康維持

■おひとり様の老後の生活費

あくまでも平均データですが、おひとり様の老後の生活費はどれくらいかかっているのかを見てみましょう。次ページの表は総務省「家計調査」2017年の高齢・無職のおひとり様世帯の家計です。

◆高齢おひとり様世帯の家計

（無職、60歳以上）

支出	
食費	35,418
住居費	14,538
水道光熱費	12,989
家具・家事用品費	6,098
被服・履物費	3,808
保健医療費	7,936
交通・通信費	13,418
教養娯楽費	16,852
交際費	17,528
その他（諸雑費等）	13,613
税・社会保険料	12,544
支出合計	154,742

実収入	114,027
収支	**−40,715**

（総務省「家計調査」2017年）

これを見ると、月の収入が11万4027円であるのに対し、税金や社会保険料を含めた支出は15万4742円です。つまり、毎月マイナス4万715円です。これを累計すると、30年分で約1466万円の不足で、35年間であれば約1710万円の不足です。

しかも、家計によっては、家のリフォームや建て替え、車の買換え、子どもの結婚、住宅取得、介護の費用など、さまざまなライフイベントがあり、そのための費用がかかります。そうした分を別途に確保するとなると、人生百年時代に「おひとり様で2800万円」は決して見当違いの金額ではなさそうです。

■あなた自身の老後資金は自分で計算を！

生活費はご家庭によって異なります。予想される老後の生活費から、ご自身の年金等を引いた分の累計額にライフイベント費を加えたものが、ご自身で用意したい老後の資金です。夫から相続した財産、死亡保険金や死亡退職金などで、老後資金をまかなうことができるかどうか試算してみてください。不足する場合は、働いて収入を得る、運用を考えるなど早めに対策を立てることが大切です。高齢になると医療費がかかるケースも多いので余裕をもって老後資金を考えておきたいものです。

また、年金が手薄になるのは自営業の場合です。年金を上乗せする「国民年金基金」や「確定拠出年金（ｉＤｅＣｏ）」、退職金代わりの「小規模企業共済」などを上手に利用しましょう。いずれも掛金が所得控除になり、節税効果が大きい制度です。国民年金基金とｉＤｅＣｏで合計月６万８０００円まで、小規模企業共済も月７万円まで積み立てられるので、できれば使いきるようにしましょう。

他にも、国民年金の付加保険料４００円を納付すれば、将来の年金額を「２００円×付加保険料納付月数」分増やせます。たとえば、5年（60か月）納めれば保険料累計額は2万４０００円ですが、年金額は1年で２００円×60か月＝１万２０００円の増額になります。

会社員なら、企業年金の有無や「確定拠出年金

◆ iDeCo概要

種類	iDeCo
投資額（上限）	年14.4万～81.6万円
投資商品	元本確保型、投資信託
目的	老後資金
積立期間	60歳まで
途中引出し	原則60歳まで不可
掛金の所得控除	あり
運用益の課税	なし
受取時の課税	一時金か年金かによるが優遇あり

（企業型）」の有無などによっては、ｉＤｅＣｏを利用できる場合があります。また、会社員なら「年金財形」という方法もありますね。

■民間生保の年金保険に入る手も

公的年金で足りない分は、「年金保険」で補うのも一つの方法です。年金保険には将来の受け取る年金額が決まっている「定額年金」と運用成績によって受取額が変わる「変額年金」があります。また、年金を受け取れる期間が決まっている「確定年金」、生きている間ずっともらえる「終身年金」があります。

また、老後の心配はお金のことを中心に考えがちですが、**「健康」「生きがい」も大切な要素**です。病気になれば、医療費もかかるうえ、日常の生活が困難になる可能性もあります。日頃から健康に留意し、信頼できる「かかりつけ医」をみつけておきましょう。

趣味やボランティア、地域活動など、自分の生きがいとなる活動があるかないかでも、老後生活の充実度が変わってきます。夫を亡くしたあと、地域の活動などを通して、いきいきと活躍されている人もたくさんいます。家にこもらず、よい人間関係を築いていくことも、楽しい老後を送るために不可欠なことでしょう。

自分の保険はどうするか

■新しい生命保険は必要か

夫が亡くなったあと、不安感から、ご自身や子供を被保険者とした高額の死亡保障がある生命保険に入ってしまうケースも多いようです。夫の死亡保険金を受け取っているなら、貯蓄も多く、自分が被保険者になっての高額な死亡保障は必要ないと思われます。

ただし、貯蓄があまりなくて、ご自身が働いて家計を支えている場合は、万が一のときに、子供が独り立ちするまでの生活費と学費に十分なだけの死亡保障は必要です。ご自身にもしものことがあっても、子供に公的年金（遺族年金）が支払われます。子供が社会人となって独り立ちするまでに必要な生活費と学費から、こうした遺族年金や預貯金でまかなわれる分を引いたものが、死亡保障として必要な額です。

保険期間と必要な死亡保障額を確認し、掛け捨ての「定期保険」で準備するのが合理的でしょう。子供の生活を考えるうえでは、死亡保険金が一度に支払われるタイプではなく、年金形式で支払われる「収入保障保険」もお勧めです。いずれにせよ、無駄な保険料を省き、その分を子供の教育費やご自身の老後資金にまわしたほうが賢明です。

■医療保険の加入は考えたい

しっかり考えたいのは、医療保険です。まず、自分が契約している保険を見直しましょう。夫が契約した医療保険の家族型プランなどに加入していた場合は、夫の死亡後に保険料が免除され、保障が継続しているものもあるかもしれないので確認しましょう。自分が病気になったときに、どれくらいの保障があればいいのかを考え、いまの契約で不足している場合には補いましょう。

一般に、入院時の給付金の目安は1日5000円といわれますが、子供が幼い、自営業などで入院時に収入が途絶えると生活に支障が出てしまうなど、リスクが高い場合は、入院期間中の所得補償という意味で、給付金を高めに設定する必要があるかもしれません。また、高齢になると持病などの関係で医療保険に加入できなかったり、保険料が高くなったりしますので、40代までには終身型の医療保険のプランも考えておくと安心です。

がんが心配な場合は、入っている医療保険にがん特約を付けるか、単体のがん保険に入るといいでしょう。

お金の運用はどう考える?

■運用の基本を知っておく

一時に多額の死亡保険金が入ったり、預貯金などを相続したりした場合、お金の運用はどう考えたらいいのでしょうか。

お金の運用の基本は、今後の生活設計にあるということを肝に銘じましょう。今後の生活費にどれくらいかかるか、子供の教育費や老後資金はどれくらいあったらいいのか、だいたいの目安をたてます。そして、生活費として使うお金、子供の教育費として使うお金、老後資金と分けて考えましょう。子供の結婚援助など、今後、必要となる資金があれば、それも考慮します。お金は、こうした目的別に分け、それに応じた運用のしかたをすることが大切です。

たとえば、生活資金なら安全性を重視し、流動性のある定期預金などで運用します。生活資金を値動きの激しい株式や必要な時期に

解約できない金融商品に振り向けるのはＮＧです。

老後資金は、老後の保障ということで「個人年金保険」に加入することも一つの方法です。ただし、保険料のうち積立に回る部分に適用される予定利率に注意しながら、加入を検討してください。

このような基本をまずしっかり押さえることです。そのうえで、余裕資金があれば、外貨建て商品や投資性の商品などリスクのある金融商品で運用するのもいいでしょう。その場合も、きちんと金融商品の内容を理解し、自分がどこまでリスクをとれるのか、簡単にいえば、その資金が減ってしまってもリカバーできるかどうかを基準に考えます。基本は、5年以上使わない資金の3割以内までに抑えましょう。

■分散投資のススメ

老後資金の運用は、一部に株式や投資信託などの投資商品を組み込むのも可能です。

一定額を運用する場合は、分散して投資することをお勧めします。たとえば、資金をすべてドル建ての商品にした場合、為替が円高になれば資金が大きく目減りしますが、国内外の株式や債券など、投資対象をいくつかに分けておけば、それぞれ違った動きをしますので、リスクは分散されます。

リスクは、長期のスタンスで積み立てながら投資をする、しかも投資対象を分散する、ということにより軽減できます。コツコツ積立投資に向くものとして「つみたてNISA（少額投資非課税制度）」があります。

つみたてNISAは投資信託の積立投資で、年間40万円までの元本に対して、配当や売買益が非課税になります。非課税期間は20年間で、いつでも自由に引き出すことができます。選べる投資信託は、金融庁が設けた基準（コストが低く長期の運用に向く）に合う商品のみで、ビギナーでも始めやすいという特徴があります。とはいっても、リスクはあります。5年以上使わない資金の一部での投資を心がけましょう。

金融商品の内容やリスクがわからない場合は、安易に手を出さないことです。夫が亡くなったあとに、営業マンに勧められるままに金融商品を契約したり、夫から相続した株式を、知識のないまま売買したりして、損失を出すケースも多々あるようです。

運用の前に生活設計ありき、です。まずはファイナンシャルプランナーに相談してみるとよいでしょう。

◆つみたてNISA

種類	つみたてNISA
投資額（上限）	年間40万円
投資商品	投資信託、ETF
目的	教育資金、住宅資金、老後資金他、長期的な目的
積立期間	20年
途中引出し	自由
掛金の所得控除	なし
運用益の課税	なし
受取時の課税	なし

生活に困る場合は…

家計を支えていた人が亡くなったり、病気で働けなくなったりなど、何らかの事情で収入が途絶え、生活が困難になるケースもあるかもしれません。その場合に、最低限の生活を保障してくれる「**生活保護**」という制度があります。生活保護の内容には、生活、住宅、教育、介護、医療、出産、失業、葬祭などの扶助があり、一定の基準、条件に従い、金銭が支給されます（医療扶助は現物支給）。

生活保護を受けるには、①働ける人は能力に応じて働くこと、②資産は生活維持のため活用すること、③親子、兄弟姉妹などからできるだけ援助してもらうこと、④ほかの制度で受けられる制度は先に受けること、などの手立てをとっても生活困難なことが条件となります。「生活保護」を受けるには、最寄りの市区町村役場か福祉事務所に相談してみましょう。

どこに相談する?

手続きや生活上で困ったとき、わからないことがあったときは、気軽に相談してみましょう。

■生活に困ったとき

生活保護、各種の低利融資など

・各市区町村役場、福祉事務所

■母子・寡婦家庭に関する支援

児童扶養手当、医療費助成、母子家庭に対する低利の融資、母子家庭の生活相談、法律相談、支援施設、ヘルパー派遣など

・各市区町村役場、福祉事務所

・一般財団法人　全国母子寡婦福祉団体協議会　http://zenbo.org

■年金に関する相談
・日本年金機構　https://www.nenkin.go.jp/
・最寄りの年金事務所
・ねんきんダイヤル　月〜金：午前8時30分〜午後5時15分（月曜日〈休日明けの初日〉は午後7時まで）第2土曜：午前9時30分〜午後4時
TEL　0570-05-1165

■住宅ローン返済の相談
利用している金融機関の窓口へ

■奨学金に関する相談
・独立行政法人　日本学生支援機構　https://www.jasso.go.jp/
・奨学金の貸与や返還に関する相談　TEL　0570-666-301（全国共通
月曜〜金曜：午前9時〜午後8時、土日祝日・年末年始を除く）

■就職に関する相談

・就業相談　最寄りのハローワーク（子供連れの女性向けのマザーズハローワークやマザーズコーナーが設けられていることもあります）

・ひとり親家庭等自立促進センター（無料職業相談、セミナー、講習会など）

経験者から一言…

夫亡きあとの生活設計は？

長患いの末、夫が亡くなりました。桜舞う中の葬儀となりました。子供たちは社会人と大学生だったので、むしろ私を気遣って支えてくれています。

さまざまな手続きもひと段落して、ときどき落ち込む日もあるけれど、少しずつ自分のことも考えられるようになってきました。最も迷っているのが仕事をどうするかです。

以前は近くのスーパーでパートとして働いていた時期もありますが、義父の介護や夫の看病で専業主婦だった期間も長く、今後はどうしたらいいものかと…。子供たちはしばらくゆっくりして友達と旅行でも行ってきたらと言ってくれます。

でも、最近よく聞く「人生百年時代」。自分が100年生きるとは思えませんが、老後は長そうな気がしています。そうなると46歳はまだまだです。夫が残してくれた家や財産と、遺族厚生年金はあるものの、のんびりしていてよいものやら…。

そう思っていたら、書籍で「キャッシュフロー」というものについて知りました。見よう見まねで電卓片手に自分でキャッシュフロー表を作ってみたところ、今のまま働かないと85歳くらいでお金が無くなってしまいそうだとわかり驚きました。

もうちょっと落ち着いたら、何か資格を取って仕事をしたいなと考えています。ハローワークに行けば、資格取得のための資金を一部サポートしてくれる制度もあるようですね。今度、聞いてこようと思っています。

（長野県/K・N/46歳）

あとがき

3月上旬、本書の改訂が決まり、共同執筆者の小川千尋さんに連絡をしたところ、とても喜んでおられました。ご自身の誕生日でもある4月1日の午前中には、初回の修正・加筆原稿が編集部へ届いていたそうです。

しかし、その数日後、あまりにも突然、天に召されてしまいました。驚くとともに悲しみで押しつぶされそうでしたが、本書の改訂を完了することが私の務めと思いました。

誠実な仕事ぶりでたくさんの方の信頼を得ていた小川さん。大好きな桜が咲き乱れる中、先に旅立った愛猫たちの元へ、ついふらっと行ってしまったのでしょうか。

心より、ご冥福をお祈りいたします。

令和元年5月

豊田　眞弓

※本書では執筆者として故人のお名前は掲げませんでしたが、小川さんがご執筆された第2章と第3章を、ご遺族のご了承をいただいて収録しています。

豊田眞弓（とよだ　まゆみ）

FPラウンジ代表。「親の介護・相続と自分の老後に備える.com」主宰。マネー誌のライターを経て、1994年より独立系ファイナンシャル・プランナーとして活動。個人相談業務を行うほか、寄稿・監修、講師等に従事。著書（共著含む）に『いまからはじめる相続対策』（日本実業出版社）、『50代・家計見直し術』（実務教育出版）、『ひとり老後を快適に暮らす本』（アニモ出版）、『離婚を考えたときにまず読む本』（日本経済新聞出版社）などがある。

他人《たにん》には聞《き》けない
最新版《さいしんばん》　夫《おっと》が亡《な》くなったときに読《よ》む本《ほん》

2005年１月20日　初 版 発 行
2019年５月20日　最新２版発行

著　者　豊田眞弓
発行者　吉田啓二

発行所　株式会社日本実業出版社　東京都新宿区市谷本村町3−29　〒162-0845
大阪市北区西天満６−８−１　〒530-0047

編集部　☎03-3268-5651
営業部　☎03-3268-5161　振　替　00170−1−25349
https://www.njg.co.jp/

印刷／壮光舎　製本／共栄社

この本の内容についてのお問合せは、書面かFAX（03−3268−0832）にてお願い致します。
落丁・乱丁本は、送料小社負担にて、お取り替え致します。

ISBN 978-4-534-05692-4　Printed in JAPAN

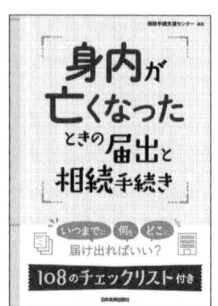

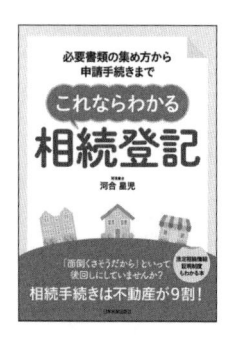

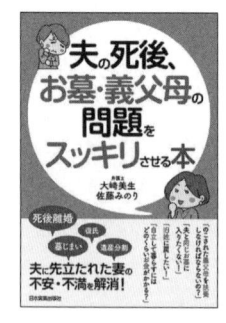